全国革命老区县发展史丛书·广东卷

韶关市武江区革命老区发展史

韶关市武江区革命老区发展史编委会　编

SPM 南方出版传媒　广东人民出版社
·广州·

图书在版编目（CIP）数据

韶关市武江区革命老区发展史 / 韶关市武江区革命老区发展史编委会编. —广州：广东人民出版社，2020.5
（全国革命老区县发展史丛书 · 广东卷）
ISBN 978-7-218-14065-0

Ⅰ. ①韶… Ⅱ. ①韶… Ⅲ. ①武江区—地方史 Ⅳ. ①K296.54

中国版本图书馆CIP数据核字（2019）第274049号

SHAOGUAN SHI WUJIANG QU GEMING LAOQU FAZHANSHI
韶关市武江区革命老区发展史
韶关市武江区革命老区发展史编委会 编

出 版 人：肖风华

责任编辑：王智欣
装帧设计：张力平
责任技编：吴彦斌 周星奎

出版发行：广东人民出版社
地　　址：广州市海珠区新港西路204号2号楼（邮政编码：510300）
电　　话：（020）85716809（总编室）
传　　真：（020）85716872
网　　址：http: //www. gdpph. com
印　　刷：广州市浩诚印刷有限公司
开　　本：715毫米 × 995毫米 1/16
印　　张：15.625 插 页：16 字 数：200千
版　　次：2020年5月第1版
印　　次：2020年5月第1次印刷
定　　价：69.00元

如发现印装质量问题，影响阅读，请与出版社（020-85716849）联系调换。
售书热线：（020）85716826

广东省编纂《革命老区县发展史》丛书
指导小组

办公室

韶关市编纂《革命老区县发展史》丛书
指导小组

组　长：梁　聪（韶关市老区建设促进会第一副会长）
副组长：李国华（韶关市老区建设促进会副会长）
成　员：黄志才（韶关市老区建设促进会副会长）
　　　　张定均（韶关市老区建设促进会副会长）
　　　　梁观福（韶关市史志办原副主任）

《韶关市武江区革命老区发展史》编纂委员会

总序

在举国欢庆新中国成立 70 周年前夕，中国老区建设促进会王健会长请我为《全国革命老区县发展史》丛书作序，作为一名在老区战斗过并得到老区人民生死相助的老兵，回首往事，心潮澎湃，感慨万千，深感义不容辞，欣然应允。

中国革命老区，是以毛泽东为代表的中国共产党人在领导人民推翻帝国主义、封建主义和官僚资本主义三座大山，争取民族独立和人民解放伟大斗争中建立的革命根据地，在这片红色的土地上，诞生了无数可歌可泣的革命英雄儿女，为后人树起了一座不朽的丰碑，她是新中国的摇篮，是党和军队的根。

在艰苦卓绝的战争年代，老区人民把自己的命运与中华民族的命运紧紧地联系在一起，与中国共产党和人民军队的命运紧紧地联系在一起，他们生死相依，患难与共。我曾亲历过战争年代，并得到过老区红哥红嫂的救助，切身感受到发生在身边的一幕幕撼天动地的革命故事，在那极其艰难的条件下，老区人民倾其所有、破家支前，不怕艰难困苦，不怕流血牺牲。“最后一碗米送去做军粮，最后一尺布送去做军装，最后一件老棉袄盖在担架上，最后一个亲骨肉送去上战场”，这是当时伟大的老区人民为建立新中国做出巨大牺牲的真实写照，它将永远镌刻在中国共产党、中国人民解放军、中华人民共和国的历史丰碑上。他们的光辉业绩永载史册，他们的革命精神必将影响一代又一代的革命新人，造就一代又一代的民族脊梁。

在社会主义革命和建设时期，革命老区和老区人民响应党的号召，面对落后的面貌、脆弱的经济、恶劣的生态环境，他们本色不变，精神不丢，自力更生，艰苦奋斗，干一行爱一行。始终坚持“革命理想高于天”，自觉做共产主义远大理想的坚定信仰者和忠实实践者，勇于向恶劣的自然环境和贫穷落后宣战，他们在各条战线上为国建功立业，用平凡的双手创造了一个又一个不平凡的奇迹，彰显了老区人的崇高精神和人格力量。

在改革开放的伟大进程中，老区人民解放思想，勇于创新，发奋图强，攻坚克难，老区的经济社会建设取得了辉煌成就。特别是在改变中国的面貌、中华民族的面貌、中国人民的面貌、中国共产党的面貌的伟大实践中发挥了至关重要的作用。老区人民既是改革开放的参与者，也是改革开放的推动者。

艰苦练意志，危难见精神。老区人民在近百年的革命战争、社会主义建设和改革开放的伟大实践中，孕育形成了伟大的老区精神：爱党信党、坚定不移的理想信念；舍生忘死、无私奉献的博大胸怀；不屈不挠、敢于胜利的英雄气概；自强不息、艰苦奋斗的顽强斗志；求真务实、开拓创新的科学态度；鱼水情深、生死相依的光荣传统。这是党和人民宝贵的精神财富、丰厚的政治资源，是凝心聚力、振奋民族精神的重要法宝，也是社会主义核心价值观的重要内容。

中国老区建设促进会怀着强烈的政治责任感和历史使命感，组织全国各地老促会人员克服困难，尽心竭力编纂《全国革命老区县发展史》丛书，记录老区的光辉历史和辉煌成就，传承红色基因，弘扬老区精神，是功在当代、利及千秋的一件大事。手捧这部丛书的部分书稿，读着书中的故事，倍感亲切，深感这部丛书具有资政、育人、存史的社会功能，有着重要的时代和历史价值。它是不忘初心、牢记使命的源头活水，是赞颂共产党、讴歌老区人民的一部精品力作，是弘扬老区精神、传承红色记忆的丰厚载体，是一项继承优秀传统文化、弘扬革命文化、发展社会主义先进文化，坚定“四个自信”的宏大文化工程。它必将成为一种文化品牌，为各界人士了解老区宣传老区支持老区提供一部有价值的研究史料。希望读者朋友们能从中了解并牢记这些为党和民族的利益不断奉献的老区人民，从中得到教益，汲取人生奋斗的精神动力。

新时代赋予新使命，新起点开启新征程。让我们更加紧密地团结在以习近平同志为核心的党中央周围，坚持以习近平新时代中国特色社会主义思想为指导，增强“四个意识”，坚定“四个自信”，做到“两个维护”，弘扬老区精神，铭记苦难辉煌。为实现“两个一百年”奋斗目标，实现中华民族伟大复兴的中国梦作出新的更大的贡献！

迟浩田

2019 年 4 月 11 日

编写说明

2017年6月，中国老区建设促进会组织全国各地老促会启动编纂《全国革命老区县发展史》丛书，按照“建立中国共产党、成立中华人民共和国、推进改革开放和中国特色社会主义事业”三大里程碑的历史脉络，系统书写革命老区百年历史，深入挖掘革命老区红色文化资源，这对于充实丰富中国革命史籍宝库、在新时代传承红色基因、弘扬革命精神、强固根本，对于激励人们在新的历史条件下夺取中国特色社会主义伟大胜利，实现中华民族伟大复兴的中国梦具有重要意义。

丛书编纂以习近平新时代中国特色社会主义思想为指导，以《中国共产党历史》《中国共产党的九十年》等重要文献为基本依据，以党的领导为核心，以老区人民为主体，以老区发展为主线，体现历史进程特征，突出时代发展特色，坚持辩证唯物主义和历史唯物主义相统一、历史真实性与内容可读性相统一的原则，书写革命老区从站起来、富起来到强起来的光辉革命史、不懈奋斗史、辉煌成就史，把老区人民的伟大贡献、伟大创造、伟大成就、伟大精神充分展示出来，形成一部具有厚重历史特征和鲜明时代特色的精品力作。这是一部培根铸魂、守正创新，既为历史立言，又为时代服务，字里行间流淌着红色血脉、催生着革命激情的传世之作。丛书的编纂出版将成为讴歌党讴歌人民讴歌时代、传播红色文化、为革命老区和老区人民树碑立传的重要载体。

丛书按照编年体与纪事本末体相结合、以编年体为主的编写体例确定框架结构；运用时经事纬、点面结合的方式记述史实；坚持人事结合、以事带人的原则处理人与事的关系；采取夹叙夹议、叙论结合以叙为主的方法展开内容。做到了史料与史论、历史与现实、政治与学术统一，文献性、学术性、知识性相兼容。

为编纂好《全国革命老区县发展史》丛书，打造红色文化品牌，中国老区建设促进会认真组织积极协调，提出政治立场鲜明、史料真实准确、思想论述深刻、历史维度厚重、时代特色突出、编写体例规范、篇目布局合理、审读把关严格、出版制作精良的编纂出版总要求，力求达到革命史籍精品的精神高度、思想深度、知识广度、语言力度，增强丛书的权威性和社会影响力。各省（区、市）、市（州、盟）、县（市、区、旗）老促会的同志，以强烈的使命感、责任感和紧迫感，勇于担当，积极作为，认真实施，组织由老促会成员、专家学者等参加的十余万人编纂队伍。编纂工作主体责任在县，省、市组织协调、有力指导、审读把关。各方面人员以高度负责的精神和科学严谨的态度，满腔热情地投入工作，为丛书编纂出版做出了重要贡献。丛书编纂工作还得到了党和国家有关部委、地方各级党委政府及有关部门的大力支持和积极参与，社会各界也给予了热情帮助。中共中央政治局原委员、中央军委原副主席、原国务委员兼国防部长迟浩田上将，对老区人民怀有深厚感情，对革命老区建设发展十分关注，欣然为《全国革命老区县发展史》丛书作总序。

丛书由总册和 1599 部分册（每个革命老区县编纂 1 部分册）组成，共 1600 册。鉴于丛书所记述的史实内容多、时间跨度长和编纂时间紧，不妥之处，敬请批评指正。

中国老区建设促进会

革命遗址

1926 年 5 月，曲江县（今为武江区）广明龙乡农会会旗（资料来源：武江区档案馆）

1927 年 3 月 8 日，龙归农会惨案发生地——龙归街社学旧址全景图（资料来源：武江区档案馆）

1927 年 12 月 12 日，南昌起义军余部曾驻武江南路光明巷天主教堂（资料来源：武江区档案馆）

1927年，西水暴动首战旧址所在地——重阳镇大沙洲村（资料来源：武江区档案馆）

西水暴动发动者欧日章故居——重阳镇青暖村欧屋（资料来源：武江区档案馆）

1938年，八路军驻韶关办事处旧址所在地（今武江南路36号）（资料来源：武江区档案馆）

1938 年，中共广东省委在武江旧址所在地（今武江南路 87 号）（资料来源：武江区档案馆）

1939 年，中共广东省委第五次执委会旧址西河黄塱（资料来源：武江区档案馆）

1940 年，中共南方工作委员会交通站旧址——重阳镇水口南岸村（资料来源：武江区档案馆）

1927年，西水暴动首战旧址所在地——重阳镇大沙洲村（资料来源：武江区档案馆）

江湾镇围坪革命烈士纪念碑（资料来源：武江区档案馆）

龙归镇奇石革命烈士纪念碑（资料来源：武江区档案馆）

江湾镇胡屋革命烈士纪念碑

龙归镇冲下村革命烈士纪念碑正面

重阳革命烈士纪念碑正面

1924 年，重阳农民运动协会暖水欧屋旧址

1926 年 5 月，西河镇广明龙乡农会旧址——黄塱村广明龙村门楼

1927年12月，南昌起义军余部朱德部队驻西河麦屋村遗址所在地

1928年1月，南昌起义军余部朱德部队在重阳万侯马头寨战斗战壕全景图

1927年12月12日，南昌起义军余部朱德部队驻韶关西河光明巷天主教堂

1938年12月，八路军驻韶关办事处招待所旧址——武江北路108号（原为武江北路28号）

1938年12月，中共广东省委交通站西河黄田坝旧址正面——武江北路76号

1938年12月，中共广东省委西河黄田坝交通站旧址侧面——武江北路77号

1939年1月7日，中共广东省委第四次执委扩大会议遗址——西河黄田坝，现为韶关市青少年宫

1939年7月，中共北江特委旧址内屋残壁——武江南路87号（原为武江南路62号）

1940年12月，中共南方工作委员会韶关交通站南岸村旧址侧面

1941 年，中共广东省委马停脚农场地下秘密据点——西河天鹅坪旧址所在地

1942 年，中共粤北特派员机构马停脚农场旧址——西河天鹅坪旧址所在地

1945 年，重阳青暖抗日战争时期修建的寨顶山战壕全景图

“李子园炮楼”正门

20 世纪 80 年代，重阳青水塘农军炮楼旧址图片

八路军驻韶关办事处招待所旧址——现为粤北第二人民医院韶关市结核病防治所，位于武江北路 108 号

冲下革命烈士纪念碑全景

寨顶山战壕掩体

八路军驻韶关办事处旧址现在的门牌号码

欧日章领导西水暴动农军所在地暖水欧屋村门楼

重阳李子园炮楼旧址

重阳青水塘农军炮楼县级保护碑

老区新貌

2018 年，芙蓉第一小学开学（武江区教育局 谢悦彬摄）

2018 年，龙归镇中心幼儿园开园（武江区教育局 谢悦彬摄）

2018 年，武江区第一家健康驿站揭牌（武江区委宣传部供稿）

2018 年，武江区新华街道社区卫生服务中心揭牌（武江区委宣传部供稿）

芙蓉新城航拍局部（武江区委宣传部供稿 2017 年摄 ）

革命老区赤水新村（曾碧繁 2018 年摄）

南昌起义军余部朱德部队重阳万侯马头寨战斗战壕掩体

重阳青水塘农军炮楼旧址全景

改革发展

中共韶关市武江区第一次代表大会全体代表合影

1988 年，武江区种养专业户迎春茶话会

1992 年，武江区东利进口汽车维修中心挂牌

1994 年，甘棠公路动工，区机关干部参加场景

1997 年，武江区蔬菜栽培、水产养殖技术培训班

1998 年，海豚水上世界奠基

1998 年，区检察院在立交桥下进行反贪知识咨询

2001 年，武江科技工业园奠基

1999 年“三八”节，武江区女能手比武活动

2002 年，美国客商来武江区进行商务考察

2003 年，武江区优秀民营企业代表合影

革命老区南岸村（陈明生 2018 年摄）

革命老区芙蓉新村（曾碧繁 2018 年摄）

革命老区万侯村新村建设备材（曾碧繁 2018 年摄）

革命老区西联新村（曾碧繁 2018 年摄）

江湾大桥航拍景（武江区委宣传部供稿 2017 年摄 ）

江湾瑶族新村（曾碧繁 2018 年摄）

江湾镇老区村民在进行体育锻炼（林卓伟 2017 年摄）

江湾镇湖洋村农户番薯干脱贫增收项目（武江区委宣传部供稿 2017 年摄）

武江甘棠工业园区（曾碧繁 2018 年摄）

武江区第一批升级改造公厕中的五里亭桥底公厕投入使用（武江区城管局供稿）

武江区农民丰收节分会场（武江区委宣传部供稿 2017 年摄）

新建的田家炳沙湖绿洲小学（武江区委宣传部供稿 2017 年摄）

摩尔城航拍（武江区委宣传部供稿 2017 年摄 ）

龙归镇扶持老区发展韭菜种植（武江区委宣传部供稿 2017 年摄 ）

区老促会开展情系老区活动（芙蓉书院供稿 2018 年摄）

武江区老促会组织到南岸交通站开展活动（曾碧繁 2018 年摄）

保利大都会落户武江（武江区委宣传部供稿 2017 年摄 ）

目 录

contents

序言

革命老区是指土地革命战争时期和抗日战争时期中国共产党开创的革命根据地。

伟大的革命实践产生伟大的革命精神。

早在暗夜如磐、艰苦卓绝的革命战争年代，从武江这块红色土地上走出来的共产党人欧日章、邓如兰的革命实践，充分体现了武江人敢于走在时代前列、敢想敢干的首创精神，坚定理想、百折不挠的奋斗精神，立党为公、忠诚为民的奉献精神。而在风起云涌，如火如荼的中国特色社会主义建设发展、改革开放时期，武江人民更是以自己的实际行动和全面发展成就，百倍地表现出对党的无限信仰、无限忠诚和无限爱戴。

这应当就是有着如五岭山脉般刚强挺拔、坚韧不屈的脊梁，有着如武江河水般穿山越岭、奔腾向前的品格，在血与火的斗争中铸就的武江老区人民的品质和精神。这是我们在前进道路上战胜各种困难和风险，不断夺取新胜利的精神力量和宝贵精神财富，是武江人的红色基因和光荣传统。

列宁说过："爱国主义就是千百年来巩固起来的对自己祖国的一种最深厚的感情。"习近平同志强调："牢固的核心价值观，都有其固有的根本。抛弃传统、丢掉根本，就等于割断自己的精神命脉。"我们党的红色基因就是不能抛弃传统，不能丢掉根本。

“不忘初心，牢记使命。”我们编纂《韶关市武江区革命老区发展史》，目的就在于让武江人民的子孙后代永远牢记历史、牢记根本，永远学习传承和发扬革命老区精神和光荣传统，学习和践行习近平新时代中国特色社会主义思想，为实现“两个一百年”奋斗目标，为实现中华民族伟大复兴而不懈奋斗。

韶关市武江区老区建设促进会

2018年12月31日

概　况

武江区位于广东省北部，韶关市区西部，坐标北纬24° 42′ 00″ ~ 24° 48′ 00″，东经113° 06′ 00″ ~113° 34′ 00″。武江区因珠江水系北江上游的武江流经境内而得名，另因处于武江（河）以西，故又称“西河”。东与浈江区隔河相望，南与曲江区白土镇接壤，西与乳源瑶族自治县大布、东坪、乳城、一六镇毗邻，北与乳源桂头镇相连。辖区总面积682平方千米。2016年末全区户籍总人口274835人。武江区地处南岭山脉南麓的盆地之中，其轮廓犹如一只卧狮，东西长、南北窄成不规则多边形。区境东起市区武江河中心，西至江湾镇武洞、白石村，长56.75千米，南至曲江交界的圆子背肩山，北至重阳镇大夫前村，宽17.8千米。

春秋时期武江境内为百越地。战国时期为楚国属地。秦始皇三十三年（前214年），统一岭南，设南海郡，郡治在番禺，辖区属南海郡管辖。赵佗立南越国后，又为南越国属地。

汉武帝元鼎六年（前111年）平定南越，本境设置曲江县，属桂阳郡，郡治在郴州，隶属荆州。元封五年（前106年），汉武帝置十三刺史部（亦称州，时为监察区），桂阳郡曲江县受荆州刺史部监察。西汉末年王莽新朝时，桂阳郡改称南平郡。东汉初复称桂阳郡。东汉后期，在桂阳郡南部地区设始兴都尉，以加强对曲江县的管辖。三国吴甘露元年（265年），在桂阳郡南部设始兴郡，郡治设在曲江县城（今浈江区莲花山），隶属荆州。

西晋太康元年（280年）三月，武帝平吴，始兴郡移属广州。曲江县治从莲花山迁往安聂邑（今武江区境内西河），西河成为曲江县政治、经济、文化中心。东晋元熙元年（419年），曲江县治迁往官滩（今浈江区境内南郊）。

南北朝梁承圣（552—555年）年间，于始兴郡置东衡州，州治在曲江，州县治所迁往西河。

隋开皇九年（589年），改东衡州为韶州，州县治所回迁莲花山。开皇十一年（591年），撤销韶州，曲江并入广州。唐武德初年（618年），曲江县治再迁往西河。武德四年（621年），把广州属的曲江设置为番州，不久更名东衡州。

唐贞观（627—649年）年间，改东衡州为韶州。五代时期，后梁乾化元年（911年），刘岩发兵破韶州，州县治所迁往中洲（今浈江境内小岛），本境仍一直是韶州、曲江县的城区部分。

五代十国时期，先属后梁，后属南汉，以韶州辖曲江县，辖区属曲江县。

宋初仍以岭南东道韶州辖曲江县。未久撤道改称州，曲江县隶属韶州。至道三年（997年），又于州上置路（半行政半监察性质），曲江县隶属广南东路韶州管辖。

元朝以行省为地方最高行政区，下设道（省派出机构）、路、县三级。至元十五年（1278年），岭南平定后，曲江县隶属海北广东道韶州路［此间又在韶州路置录事司，以管理城乡居民；一说至元二十三年（1286年）置，又称新民官司］。至顺元年（1330年），属江西行省广东道韶州路管辖。

明洪武元年（1368年），改韶州路为韶州府（同年罢新民官司）。洪武二年（1369年）升广东道为广东行中书省；洪武八年（1375年）又改称广东承宣布政使司（简称广东布政司，习惯上称广东省），曲江县均隶属韶州府。

清初仍称广东布政司，未久定称广东省，省下设道（省的派出机构）、府、县，曲江县隶属广东省南韶连道韶州府管辖。

1912年，撤销道、府，曲江县隶属广东省。1914年复设道，曲江县隶广东省南韶连道（未久改称岭南道）。1920年，又撤销道，未久设北区善后督办，性质与道同。此后屡设屡废，1925年设北江行政区，1926年撤销北江行政区。1928年设北江善后委员会。1932年改为北江绥靖区。1936年改设第二行政督察区，性质与善后委员会、行政区、绥靖区相同，均为省派出机构，曲江县仍属之。1940年改称北江行政区。1941年复称第二行政督察区，曲江县仍属之。1943年11月，在曲江县城置韶关市，升格为省直辖市。1945年1月，韶关被日军占领，市的建制自行解体。1946年再次调整全省行政区，曲江县隶属第三专署行政督察区。武江境内隶属韶关市和曲江县管辖。

中华人民共和国成立后，武江境内隶属曲江县管辖。自1951年韶关市建制确立后，武江境内属韶关市管辖。1984年9月，经广东省人民政府批准，撤销原武江区和韶关市郊区（原市政府派出机构），成立武江区，为韶关市辖县级行政区，辖西河、芙蓉、新华3个街道办事处，16个（新华北、武江北、新村、新村二、工业中、东岗、黄田坝、群立街、工业西、工业东、芙蓉北、光明巷、狗头山、沙湖、武江南、新华南）居委会，13个（西河、黄田坝、马停脚、白芒、下坑、黄塱、田心、车头、阳山、沐溪、西联、甘棠、芙蓉）村级乡和2个（塘湾、山蕉）场。区人民政府驻所在西河五祖路（原市郊区办公楼）。1994年9月28日，迁往韶关市惠民南路128号。2004年8月，韶关市部分行政区域调整，原曲江县龙归、重阳、江湾3个镇划入武江区。

至2017年末，武江区耕地面积6884公顷（水田3999公顷，旱地2386公顷，水浇地499公顷），园地644公顷，林地48763公顷，草地1612公顷，城镇村及工矿用地5036公顷，交通运输用地955公顷，水域及水利设施用地2942公顷，其他土地941公顷。

武江区辖内已知矿产有煤矿、铁矿、铅锌矿、锡矿、钨矿、金矿、银矿、石灰石、高岭土、萤石矿等20多种，矿床点58处。其中金属矿产8种，矿床点20处：铁矿点2处，锑矿点3处，铅锌矿点2处，锡矿、钨矿点2处，金矿点8处，银矿点3处。非金属矿产14种，主要有煤矿7处、石灰石10处、高岭土2处、萤石矿2处、河沙3处等，共计38处。

武江区内野生动物种类繁多，主要分布于山区和丘陵地带，体型较大的野兽多栖息在西北山区，一般兽类出没于平川、丘陵。主要野生动物有：哺乳类、鸟类、鱼类、甲壳类、两栖类、爬行类、昆虫类等。主要野生植物有：维管束植物2349种，分隶207科877属。水果类38种、野生药用植物135种。内陆水域中常见的浮游生物共14门120多属。

武江区是粤北古邑，韶关市博物馆珍藏有武江境内出土的汉代、三国、西晋、东晋文物。人文景观主要有唐朝宰相张九龄家族墓、宋朝尚书余靖墓和蓉山古刹。有南昌起义军朱德部队旧址、八路军驻韶关办事处旧址、抗战时期中共广东省委遗址、青水塘和李子园炮楼等24处革命遗址。自然景观有广东韶关芙蓉山国家矿山公园、芙蓉山公园、芙蓉仙洞、沐溪水库、石背窝水库和江湾温泉等。辖区内有不可移动文物167处。有市属韶州宾馆和流花宾馆、湖心宾馆、倚山宾馆等一批民营涉外旅游宾馆。沐溪水库湖水碧绿，蔚为壮观，泛舟遨游，闲来垂钓，别有一番诗情画意，是市民郊游的好去处。此处集会所、饮食、住宿、观光、游乐等多项旅游设施于一体，成为郊游的新亮点。

2016年，武江区辖新华、惠民2个街道和西河、西联、龙归、重阳、江湾5个镇。新华街道辖16个社区；惠民街道辖13个社区；西河镇辖14个行政村；西联镇辖1个社区、8个行政村；龙归镇辖1个社区、15个行政村；重阳镇辖1个社区、8个行政村；江湾镇辖1个社区、6个行政村。

武江区拥有有革命老区的镇4个（西河镇、龙归镇、重阳镇、江湾镇）；有革命老区的行政村14个；革命老区自然村59个。

1

第一章

岁月峥嵘，革命征程谱华章

中华人民共和国成立前，武江、浈江两地均属广东省曲江县管辖，韶关市区则为曲江县城。由于其地理位置的特殊性，素有“入粤之咽喉，百粤之雄都和五岭之粤区”之称。向来是兵家必争之地，也是粤北地区经济政治之中心。在中国近代史上，特别是辛亥革命以来，曲江人民彰显了高涨的革命热情和无私的奉献精神。武江区域是粤北较早建立农会组织和中共党组织的地区之一，农民运动和党组织在武江区域从未停止过发展，西水农民暴动就是农民以革命武装反抗反革命武装的一次伟大壮举。抗日战争时期，中共广东省委、八路军驻韶关办事处以及中共北江特委都曾在武江区域领导全省的抗日斗争。武江人民在党的领导下，为取得全民族抗日战争的伟大胜利做出了应有的历史贡献。为了争取和平、实现和平，武江区域的人民响应中国共产党的号召，积极投身反内战、反饥饿，要民主、要和平的斗争，为争取自身的解放，汇入人民解放战争的伟大历史洪流中。

第一节 农民运动与党组织的建立

1840年鸦片战争以后，清王朝的腐朽无能，加速了西方资本主义和帝国主义列强利用坚船利炮的入侵，中国由此一步一步沦为半殖民地半封建社会。西方资本主义和帝国主义列强的入侵，加剧了中国的社会矛盾，加深了中国人民的灾难，也加快了中国人民的觉醒，促使有志之士不断奋起寻找救国救民的道路。1911年10月，中国资产阶级领导的辛亥革命，推翻了腐朽的清王朝，结束了中国的封建君主制度，促进了中国人民的民族觉悟。然而，由于辛亥革命的不彻底性，没有从根本上改变中国半殖民地半封建社会的状况，广大农民仍然被压在社会底层，政治上、经济上仍然遭受着残酷的压迫和剥削。1917年，俄国十月革命开辟了人类历史的新纪元。在十月革命的影响下，1919年5月4日，北京爆发的反帝爱国学生运动将中国推入了新民主主义革命时期。五四运动的深入发展，也促进了马克思主义在中国的传播。

19世纪以来，位于粤、湘、赣交通咽喉的曲江，其政治、军事、经济地位在粤北显得十分重要，向来是兵家必争之地。这个时期的曲江人民，不仅承受着帝国主义列强的侵略和掠夺，还承受着封建军阀盘踞下的地主豪强和兵匪欺凌，各种摊派盘剥、苛捐杂税沉重，加之自然灾害频发，广大农民生活在水深火热之中。苦难深重的人民迫切希望改变现状，革命对广大人民有着强烈的吸引力和号召力。

一、武江区域的农民运动

1923年10月，社会主义青年团广东区第一次代表大会决定，“以粤汉、广三、广九铁路及其附近地区为重点开展国民运动和农民运动，在东、西、北江及韩江等地区建立地方团组织以加强对农民运动的领导”。曲江是北江地区的中心城市，且为粤汉铁路要道，又是孙中山督师北伐的地方，革命思想和先进分子均较早进入曲江，使曲江农民运动较早、较快地活跃起来。特别是1924年1月，有中共党员参加的中国国民党第一次全体代表大会在广州召开，确定了“联俄、联共、扶助农工”三大政策，实现了第一次国共合作。同年秋天，国民党中央组织部即派遣部分共产党员、共青团员到北江各县参加建立、改组国民党县党部的工作。国民党中央农民部的特派员和北江籍的广州农民运动讲习所学员深入到北江各县开展农民运动。很快，北江各地的农会组织建立和发展起来。至1927年春，曲江已成立十多个区农会和一百五十多个乡农会，发展会员近万人，几乎遍布全县各区、乡。

曲江县重阳暖水乡（今属武江区重阳镇），是武江区域最早建立农会组织的地方。1924年冬，重阳暖水乡农民协会成立，会员一百多人，欧日章被选为农会负责人。欧日章，曲江县重阳暖水乡人，1892年出生，年少即父母双亡，跟随叔父长大。1912年到中国香港、新加坡谋生，从事过建筑，搞过搬运。在长期与工人阶层和进步人士的接触中，领会并萌生了追求民主与进步的革命思想。1924年初，欧日章从新加坡回到家乡。同年冬，在翻溪桥农会干部叶凤端的协助下，在暖水乡建立了重阳第一个农会。会址设在欧典章家里（今欧农光家的泥砖瓦房老屋）。之后，欧日章又与农会积极分子欧典章、张景山、雷国光等人在西水各地积极发展组织农会，会员达两千多人。农民协会的建立，有效地推动了农民运动的开展，农民运动由本乡的暖水、青水塘、大沙洲扩大到周边的一六、桂头等地。1925年春，西水成立了曲江县第十三区（今属武江区重阳镇）农民协会，欧日章当选为农会执行委员。为保卫农会，维护农民利益，区农会又组织成立了“曲江县十三区农民自卫中队”，欧日章兼任中队长，成为西水地区农运中的骨干力量。

革命的浪潮推动了武江区域农民运动的蓬勃发展。曲江县龙归区（今属武江区龙归镇）的农民运动发展即是其中之一。共产党人谭平山、欧日章等都曾在龙归奇石谭屋等地宣传革命思想，传播革命种子，组织指导农民运动。1925年秋成立的曲江县龙归区农会和农民自卫军，旗帜鲜明地提出一切权力归农会。当时龙归猪仔驰名全县。为了兴办当地福利事业，区农会经过斗争取得了征收猪仔税的权利。即统一公称，每称一只小猪收税三个铜板，一只中猪收六个铜板，一只大猪收一毫子（十个铜板）。稳定的经济来源有力地支持了农会的发展。1926年5月，又成立了曲江县十一区（今属武江区西河镇）广明龙乡农民协会。农民协会成立后，在广大农村实行减租减息，促进了生产的发展，农民的生活相应得到改善，社会秩序得以稳定，从而又进一步推动了农民运动的发展。

曲江农民运动的发展，必然引起反动地主豪绅的敌对和仇视。开始是县政府和民团的公然干涉，但农民协会是得到国民革命政府支持的，农民据此反驳。随后土豪劣绅公然勾结土匪以武力对抗农会，袭击、捣毁农会。其中影响较大的“龙归事件”发生在1927年3月8日。当日龙归农会在龙归街社学（今和平路103号）召开重要会议，有农会干部和农军人员24人参加。民团头子丘超华、豪绅刘冠武勾结土匪罗子平、陈太佳、龚耀章等三百余人，突然包围袭击会场，担任警卫的农军中队长邹超光当场牺牲。区农会干部和农军奋起应战，用土枪土炮英勇还击，打退了敌人多次进攻，坚持激战一天一夜。在弹尽粮绝又无援兵的情况下，全部被捕。当晚，被捕的农会干部和农军，除1人因与敌人有亲戚关系被释放外，其余23人均被押到留村河畔惨遭杀害，造成了震惊省内外的龙归惨案。“龙归事件”发生后，曲江县农会迅速组织农军、北江农军学校学员数百人，在国民革命军陈嘉佑部一个营的兵力协助下，合力围剿龙归的反动民团及土匪武装，在追击中击毙刘冠武等人。1927年4月7日，曲江县农会和北江办事处分别在龙归、韶关为死难者举行了追悼大会，与会群众达一万多人。北江各县农会会员每人捐赠一个铜板慰问死难者家属。“龙归事件”激起了北江各县广大人民群众对反动派的极大愤慨，激励了广大人民群众的革命斗志。

二、建立中共重阳支部

随着马克思主义在曲江的广泛传播，工农运动在曲江兴起和发展，为曲江地区党团组织的建立创造了条件。1925年7月，共产主义青年团（简称“共青团”）曲江特别支部在曲江县成立，这是北江地区最早建立的共青团组织。曲江共青团组织成立后，曲江一批受过进步思想熏陶的有志青年，积极投身革命，加入中国共产党。当曲江农民运动如火如荼地开展起来时，共产党员刘胜侣、侯凤墀以国民党中央农民部特派员的身份到曲江指导农民运动，其间深入南水、东水、西水等地，积极引导梁展如、欧日章、叶凤章等农民运动积极分子，认识马克思主义，启发他们寻找救国救民的真理。1925年12月，经刘胜侣、侯凤墀的帮助和考察，梁展如、欧日章、叶凤章加入中国共产党，并成立中共曲江县支部。中共曲江县支部成立后，梁展如、欧日章、叶凤章等人在当地组织农军，领导农民开展减租减息运动，同时注意考察培养农运中涌现出来的积极分子，发展党员，建立基层党组织。

1926年3月，曲江西水农民运动进入高潮，欧日章因势利导，培养和考察了一批农运积极分子。1926年夏，介绍了欧典章、欧年魁、张国安、雷炳松、雷国光、欧元利等23名同志加入中国共产党，成立了中共曲江重阳支部，欧日章任书记，欧典章任组织委员，雷炳松任宣传委员。同时，武江区域的龙归、城厢内外等地也发展了党组织吸收了新的党员，邓如兰是这些党员中的突出代表。

邓如兰（1903—1931），女，韶关西河（今武江区西河镇）人。因家庭贫穷，被迫卖给当地大地主的儿子做媳妇，丈夫把她送去韶州德光女子学校读书。1924年孙中山在韶州督师北伐。邓如兰参加韶州各界赞助孙中山北伐大会。然后在西河坝组织农会开展农运和妇运工作。1925年11月，邓如兰当选广东妇女解放协会韶州分会委员，从事妇运工作。1926年春被派遣到乳源开展妇女运动，不久返回韶州。1926年秋加入中国共产党，成为韶州最早的女共产党员。参加了“南韶连政治讲习所”，学习政治理论和军事知识。广州“四一五”事变后，邓如兰与北江农军北上武汉，不久接到指示返回家乡，恢复农会，继续开展当地的工农运动。1930年12月19日晚，邓如兰在同西河坝农会的执委一起召开秘密会议，策划如何参加曲江的武装斗争时，不幸被捕。邓如兰在牢中受尽严刑拷打、百般凌辱。1931年1月19日，国民政府将邓如兰等人押到韶州帽子峰杀害。据当时《民国时报》报道：“该批重犯，秉性顽强，不肯吐露同党，狂呼为共产主义牺牲。”

三、农军北上参加南昌起义

1927年5月1日，中共北江地委和工农自卫军指挥部在韶关宝灵寺召开誓师大会，支持陈嘉佑的讨蒋行动。大会结束后，各路农军举起犁头红旗，吹起军号，浩浩荡荡踏上北上征途。根据欧阳梅的访谈材料，“民国14年春，欧日章率一百多人（其中有重阳、马坝及仁化等地人）到广州守粤汉铁路”。“参加农军北上的，是欧日章带队，人数有一百多人，其中乐夫三四十人，列村几个，陀村几个，大沙洲七八人，南岸十多人，水心有张国安、张国山、廖新福。”北江工农自卫军自5月1日离开韶关，历时45天，途经乐昌、衡阳、株洲、长沙等地，辗转行程三千余里到达武昌，驻徐家棚琴园。此时，北江工农自卫军只剩下六百余人，编为国民革命军陈嘉佑第十三军补充团。7月21日，北江工农自卫军接到党中央命令“要迅速脱离十三军，开赴南昌集中”。据此命令，工农自卫军以在武汉水土不服、疾病流行、思乡心切等理由脱离十三军，于7月30日到达南昌，被编为二十四师教导团第一营，归属叶挺领导，驻扎新营房，准备参加即将举行的南昌武装起义。

8月1日凌晨，南昌起义枪声打响。在战斗中，担任进攻任务的教导一营（北江工农自卫军），以迅雷不及掩耳之势，解决了敌军的卫兵，冲进敌军营房，敌官兵梦中惊醒，来不及抵抗便成了俘虏。随后负责警戒新营房驻区，并成功配合对新营房南端守敌的进攻，坚决执行了起义总指挥部的命令，出色地完成了党交给的光荣任务。起义后，又和起义部队参加了广昌、会昌、汤坑和流沙等地的多次战斗。随着南昌起义的失利，南昌起义革命委员会决定，参战各部分散活动，积蓄力量等待时机，再行起义。北江工农自卫军于1927年10月陆续返乡，欧日章则和其他三十多人抵达香港，并于10月15日参加了中共中央南方局和中共广东省委召开的联席会议，当选为中共广东省委委员。不久，他带着党的指示回到家乡，重燃革命烈火。

北江工农自卫军从1927年5月北上武汉，继而参加了举世闻名的“八一”南昌起义，到1927年10月，历时6个月，转战广东、湖南、湖北、江西、福建等5个省，其事迹可歌可泣，在党领导下的曲江革命斗争史上写下了辉煌的一页。

四、西水农民暴动

西水是指曲江武水以西、韶关市以北20千米的重阳、桂头和一六等地，有十余乡，一千二百多户，人口六七千人。西水的农民运动开展得比较早，1924年冬，欧日章在他的家乡重阳暖水首先办起农会，很快便发展到西水各乡。到1925年春十三区农会成立时，这里已经有十多个乡农会，农会会员近千人。在中央特派员侯凤墀、刘胜侣等同志的指导下，西水各农会开展了“二五”减租减息，组建了一百多人的农民自卫军，吸收了一批优秀的农会干部和农军骨干加入中国共产党，建立了党支部，成为西水农民运动的领导核心。在共产党的领导下西水农民运动日益高涨。1927年秋，西水遭遇多年未见的大旱灾，粮食失收，反动政府苛捐杂税有增无减，地主追租逼债凶狠，农民生活痛苦异常。尤其是地主豪绅趁农军北上武汉之机，勾结反动民团，向农会反攻倒算，强迫农会会员加倍偿还以前减租减息部分，凶残杀害农军家属十多人，激起农民的极大愤慨。当部分北上农军陆续返回家乡后，重新集结力量，恢复党的组织。得知消息的贫苦农民纷纷要求重振农会、农军威力，镇压地主豪绅，打击他们的反动气焰。一场向反动地主豪绅讨还血债，争取生存的农民暴动酝酿起来。

1927年8月7日，中共中央召开紧急会议，总结了大革命失败的经验教训，结束了陈独秀右倾机会主义在党中央的统治，确定了土地革命和武装反抗国民党反动派的总方针，并把发动农民举行秋收暴动作为当前党的最主要工作任务。8月20日，中共广东省委设置广州、西江、北江暴动委员会。10月15日，中共中央南方局和中共广东省委联席会议通过的《最近工作纲领》指出“广东各地革命运动仍在高涨，暴动计划应继续实现。现在的暴动不应停止而应努力扩大”。1927年10月底，欧日章按照广东省委关于发动武装暴动的部署，经月余准备，重建农军，并取得朱德率领的“八一”起义军余部的支持，发动震撼粤北的西水暴动。

1927年12月22日，欧日章率领曲江县十三区（今属武江区重阳镇）农会干部、农民自卫军和农民共一千多人，协同朱德部队一个连的兵力，向重阳地主势力的汇集点大沙洲下村发动进攻。战斗中农军击毙地主1人，俘虏地主5人（后枪毙其中4人），农军仅伤1人。农军还缴获长枪十多支。对没收的粮食和财物，农军除留用一部分作为军需，大部分用于救济贫苦农民，农民群众无不欢欣鼓舞。

农民暴动沉重打击了地主豪强，引起了他们的惊恐和报复。西水的反动势力互相勾结，联合对付农民。重阳乡长冯佩赞和民团头子雷丰霖纠集了列村、芹村和黄沙岭等处的地主民团一千多人，围攻水心、暖水和青水塘3个村庄，向暴动的农军、农民疯狂反扑。水心村当日被攻破，农军和农会会员牺牲5人，伤二十余人，农军被迫撤到观音山的庙子阁村。暖水和青水塘两村被敌人围困，虽然当时每村只有几十名农军，但农军英勇抵抗，始终未被敌人攻破。欧日章在青水塘村一面指挥农军与敌人对峙，一面派农军战士欧春苟突出重围，到犁铺头请朱德派部队增援。

反动头子冯佩赞和雷丰霖接连组织了针对暖水和青水塘的4次进攻，均未能得逞，只好派地主朱乃昌前往韶关请求国民党军支援。恰巧朱乃昌撞进了朱德部队的军营。朱德了解情况后不露声色，派一名姓朱的军官带了一个连的部队到青水塘支援。部队到达青水塘对面的横岭脚时，在朱乃昌标明村子的地形和民团的兵力部署后，迅速向被围困的农军发出信号，与农军内外合击，粉碎了地主民团的围困攻击。这次战斗，毙敌十余人，伤敌百余人。农军缴获一批武器，又得到朱德部队赠送的一批枪支弹药，农军士气大振。

接连的失败使西水的地主民团惊恐万分，地主民团对农军的反扑变本加厉，花重金雇请国民党军的一个团联合镇压暴动农军。而此时，朱德部队已经离开犁铺头开赴湘南。1928年1月6日，雷丰霖纠集反动民团武装，伙同反动军队一个团的兵力，共一千多人再次进攻暖水和乐夫。暖水农军在十数倍于我的敌人进攻面前，奋勇抵抗，凭借有利地形，力战一天一夜。终因敌我力量悬殊，暖水失守，为保存有生力量，农军只好放弃村子，撤到庙子阁山上。这次战斗，虽毙敌七八人，伤敌十余人，但农军伤亡无数，暖水村三百余间房屋被焚毁。傍晚，敌人怕遭袭击而自行退走。

西水农民暴动中，最为惨烈的是1928年1月15日开始的、一直坚持到21日晚、共七天七夜的“青水塘战斗”。暖水村战斗后，欧日章将转移到庙子阁的农军重新组织起来返回青水塘驻扎。青水塘村四面环山，利于防守，农民群众觉悟高，人心齐，战斗力强盛。农军进村后，欧日章立即组织宣传发动工作，稳定群众情绪，提高农军士气，做好迎敌反击的准备。1月15日上午，敌人纠集千余人攻打乐夫和青水塘。敌军在攻陷乐夫村后，即调集全部兵力围攻青水塘。欧日章组织近百名农军凭借青水塘炮楼和街巷沉着应战，用土枪土炮英勇还击，先后打垮反动民团的十多次冲锋。农军用铜酒壶、锡茶壶造子弹，用硝碱、木炭造火药，以补充弹药不足。缺水时则在炮楼里挖井取泥浆水吃。战斗坚持到第七天，农军队伍弹尽粮绝，陷入困境。1月21日深夜，欧日章指挥农军将炮楼底靠山的一面挖开，22日天亮前，农军及群众全部突围上山。西水农民暴动失败。在青水塘七天七夜的战斗中，农会干部雷松炳、农军战士雷毛虫、雷有年光荣牺牲，18岁的姑娘雷亚东也在给作战的农军战士送水送饭时被敌人炮弹击中，光荣牺牲。敌人死十余人，受伤百余人。农军撤离后，敌人将村子洗劫一空后纵火烧毁。

西水农民武装暴动从1927年12月22日开始，一直持续到1928年1月21日，历时31天。西水暴动是中国共产党领导下的一次农民以革命的武装反抗反革命武装的壮举，虽然在当时的历史条件下失败了，但却在土地革命战争时期曲江农运史上谱写了浓墨重彩的一页。西水暴动的目标是国民党反动统治在农村的政治经济基础。暴动遍及十余乡，参加人数逾千，坚持达一个多月。农民敢于拿起武器主动向敌人进攻，充分显示了农民开展武装斗争的伟大力量，西水暴动是北江农民暴动的先导，对推动北江区域的农民武装斗争起到了极大的示范作用。中共北江特委将这次暴动作为工作重点，力图使火种蔓延开去，形成全北江暴动的局面。就在西水暴动不久，北江特委参考西水暴动的经验制定《北江各县暴动工作大纲》，指导各县暴动。

西水暴动失败后，欧日章坚持执行上级党组织坚持武装斗争的指示，率领突围出来的几十名农军战士转战重阳、乳源、仁化一带。1928年九十月间，带领农军到仁化漸溪山与李载基、蔡卓文带领的仁化农军会合，多次袭击牵制敌人以缓和石塘被围困境。并代表省委主持改组和健全第二届中共仁化县委和仁化县革命委员会。将仁化暴动农军广东工农革命军北路第八独立团改编为“广东工农赤卫队”，继续坚持游击斗争。1928年4月13日，中共广东省委举行第一次扩大会议，欧日章再次当选为省委委员，兼中共曲江县委常委。1928年12月6日，广东省委举行扩大会议，欧日章继续当选为省委委员。1929年1月，按照党的指示，从仁化漸溪山游击根据地率领三十多名农军返回龙归耙齿山，继续在西水一带坚持打游击。1929年3月22日，国民党曲江县当局调集三百多人的兵力，会同当地民团围攻耙齿山。欧日章带领农军同敌人激战两个多小时。由于敌人十倍于农军，包围圈越缩越小，欧日章和战士欧年魁、夏德标三人被迫退守在一个山洞里。大批国民党军步步逼近，并封锁了洞口。这时，欧日章等三人只剩下两颗子弹，眼看将成俘虏。最后，夏德标冲出洞口跳下悬崖，欧日章和欧年魁毅然举枪自尽，壮烈牺牲。欧日章牺牲后，国民党军残忍地割下他的头颅和刺有“革命”二字的左臂，挑着到处游村示众，惨不忍睹。中华人民共和国成立后，民政部门追认欧日章为革命烈士。

五、南昌起义军余部在武江足迹

1927年12月上旬，朱德率领南昌起义军余部七八百人从湘南进入粤北，转战仁化、曲江、乳源、乐昌等地，1928年2月初离开，历时一个多月。朱德部队在武江区域也留下了光辉的足迹和不朽的佳话。12月12日，朱德部队日夜兼程南下支援广州起义，经仁化县董塘辗转来到韶关，将团部设在西河石狮头天主教堂内。14日在韶关得知广州起义已经失败，于是转驻曲江犁铺头（今属浈江区）休整。朱德部队转驻犁铺头期间，朱德和4名警卫员居住在武江区西河镇糖寮村委会麦屋村麦亚贵家6天，将此地作为临时办公和指挥机关。根据《韶关市武江区革命遗址普查资料汇编（1919—1949）》，2010年8月10日，74岁的麦屋村村民麦天养和82岁的村民陈冬年口述，当时朱德从犁铺头来麦屋，每次都是晚上轻敲门窗进入。

朱德部队按照中共中央要他们结合当地农民，开展武装斗争，进行土地革命的指示，组织官兵深入附近乡村发动群众，帮助恢复农会，发展农军，两次派兵支援曲江西水农民暴动。1927

年12月22日，暴动农民在中共广东省委委员、曲江农运领袖欧日章指挥下，进攻重阳大沙洲地主民团，朱德派了一个连队参加，暴动初战告捷。12月28日，西水地主反动武装疯狂反扑，暴动农军被困在暖水和青水塘，朱德智调援兵，同坚守的暴动农军内外夹击，打垮了地主反动武装的围困，为两村解了围。

朱德部队在曲江活动期间，正是西水农民暴动阶段，其对农民武装斗争的大力支持，大大激发了曲江广大人民群众的革命热情，燃起了曲江革命斗争的烈火。

六、广东妇女解放协会韶州分会

曲江成立农民协会之时，广东妇女解放协会派代表杨洁贞到韶州组织分会。1925年11月26日，广东妇女解放协会韶州分会（又称曲江分会）成立。当时，广东妇女解放协会的口号是：反帝、反封建，争取男女平等，反对封建的买卖婚姻，反对虐待童养媳。这些口号，深受广大劳动妇女的拥护，广东妇女解放协会的威信和力量不断提高和壮大。

在此期间，广东妇女解放协会韶州分会的工作相当活跃。一是发展组织，培养骨干，特别是在斗争中注意培养骨干，发展女共产党员。1926年秋发展了邓如兰加入中国共产党，她是武江区域乃至是曲江最早的女共产党员。1926年冬，国民党中央妇女部部长何香凝及广东妇女解放协会负责人区梦觉派干部谢沐英、梁慕哲来韶关协助工作，并担任了“南韶连政治讲习所”培训员。讲习所第二期党员一百多人中，有女党员7人，都是北江各地输送来的妇女骨干。二是与封建势力作坚决斗争，为妇女撑腰。妇女解放协会的成立，有力地促进了妇女的思想解放，广大妇女要求解放的愿望也日益强烈，大胆地向封建势力作斗争，部分妇女得到了婚姻自由，一些童养媳解除了婚约，回到了娘家，并找到如意丈夫。部分童养媳虽然未解除婚约，但家人也不敢随意虐待她们了。三是发动妇女支援北伐，投身抗租抗粮、惩罚土豪劣绅的斗争。1926年7月，国民革命军誓师北伐，曲江妇女在共产党的领导下，积极参与做好支前工作。北伐军所到之处，都受到了热烈欢迎，妇女们为部队送茶送水，并对北伐军的家属给予关怀和照顾。与此同时，妇女协会带领妇女参加废租、废债、抗租抗粮的斗争，与农会会员一起收缴豪绅地主的契约，捆绑衙门里派来干扰的官差游乡，对那些敢于反抗和破坏的豪绅地主给予坚决打击。在农军攻打反动势力时，妇女们积极做好后勤工作，在战斗中起了很大作用。

第二节 抵抗侵华日军的斗争

1931年9月18日，日军驻中国东北的关东军突然袭击沈阳，以武力侵占中国东北。1937年7月7日，日本侵华军队在北平西南的卢沟桥附近，突然向中国军队进攻，中国官兵奋起抵抗。中华民族全面抗战从此开始。1938年10月，广州、武汉相继沦陷。广州沦陷后，中共广东省委、八路军驻广州办事处、广东省国民政府、国民党省党部、第四战区长官司令部等机构相继北迁韶关。此时的粤北已成为全省抗战的总后方，韶关成为战时省会。而在武江区域，中共广东省委、八路军驻韶关办事处、中共北江特委、中共南方工作委员会等领导机关，均曾在此设立机关开展工作，领导着全省的抗日斗争。武江区域的广大人民，同仇敌忾，留下了许多抗击侵华日军的英雄壮举。

一、群情激愤汇成抗日主流

七七事变后，北江地区的政治形势发生了巨大变化。北江地区国民党政府开始改变大肆屠杀共产党员和革命群众的政策，允许民众成立各种抗日团体，北江人民抗日热情高涨。国共实现第二次合作后，抗日民族统一战线逐步形成，各地抗日救亡运动不断发展，曲江的政治形势向有利于团结抗日的方向发展。

首先，进步力量成了主流。广大农民、工人和革命知识分子所代表的进步力量，具有强烈的民族责任感，容易接受共产党的抗日主张，积极投身抗日。农村的开明绅士、城市工商业者以及曲江国民党当局的一些中下层职员在民族危难时刻，有抗日的愿望，同情和支持抗日。代表国民党顽固派的国民党曲江县党部和政府一些反动骨干分子，虽然未放弃反共和仇视人民的立场，但迫于大势，也不得不顺应潮流，不敢公开压制抗日救亡运动。

其次，日军飞机对曲江各地的狂轰滥炸。曲江是粤北重镇，粤汉铁路的咽喉，虽然是小后方，但七七事变后接连遭受日军飞机轰炸，人民蒙受了极大的生命财产损失。日军的侵略行径激起了广大人民的民族义愤，曲江人民的抗日热情迅速高涨。

再次，以革命青年为主体的抗日救亡运动逐步兴起。七七事变之前，由于受广州、武汉、上海等地学生爱国运动的影响，曲江进步学生先后成立“中国人民救亡会曲江分会”“韶州学生救国联合会”，发动抵制日货运动，组织宣传队利用节假日到城乡开展抗日救国宣传活动。七七事变后，以青年学生为主体的抗日救亡运动有了新的进步发展，在广州读书的曲江籍学生利用假期回县城组织聚会，讨论抗日形势，向民众宣传抗日救国道理。还通过开办书店、组织读书会、组织体育队等形式，开展国家大事的讨论和马列主义的启蒙教育。不少有志青年在革命思想的影响下，向往延安，决心投身华北抗日战场。曲江先后有三批革命青年克服重重困难北上延安学习，投入抗日战场。

最后，土地革命战争时期留下的党员骨干力量积极开展抗日救亡运动。自从1932年冬中共两广省委被破坏以后，曲江党组织的骨干被迫就近转移外地或分散隐蔽，党组织只得暂时停止活动，等待时机。1936年9月底，梁展如和廖宣从英德回到曲江，两人一边串联活动，一边寻找党组织。他们先后与乌石、马坝、大塘、重阳革命老区的一些党员和农会骨干恢复秘密联系。为了广泛宣传党的抗日主张，团结教育群众，恢复党的组织，梁展如决定在马坝开办书店加强宣传。1937年秋冬，马坝救亡书店开张。书店出售《论持久战》《实践论》《中国共产党在民族战争中的地位》等毛泽东著作的单行本，《大众哲学》《大路》《解放》《时代》等刊物和《新华日报》《救亡日报》等，以及苏联小说《钢铁是怎样炼成的》《夏伯阳》《牛虻》等。许多群众，尤其是知识青年争相阅读、购买。马坝救亡书店影响很大，成为传播抗日文化的一块阵地。

二、中共广东省委在武江

全面抗战初期的中共广东省委于1938年在广州成立，张文彬任书记。1938年10月12日，侵华日军从惠州大亚湾登陆，兵分两路直逼广州。在广州沦陷前夕的1938年10月18日，中共广东省委大部分领导成员分散随广东青年抗日先锋队（简称“抗先队”）转移翁源、连县等地，年底在韶关会合，韶关遂成为中共广东省委机关的所在地。10月21日，广州沦陷。

中共广东省委机关秘密设在韶关西河（今武江区武江南路87号）八路军驻韶关办事处附近的几间小平房里。省委书记张文彬、组织部部长李大林、省委政治交通员和少数工作人员住在这里，有二十多人。省委当时设有3个地下交通站，其中有一个设在黄田坝（今属武江区）的一间老屋。1939年春，省委在八路军驻韶关办事处设立电台，来与中央及各地党组织保持密切联系。后来，还曾在曲江县重阳南岸村（今属武江区重阳镇）和十里亭转水设过临时机关。中共广东省委在武江区域内的一年多时间中，认真贯彻执行“以建党为中心”的工作方针，在加强党的建设、加强抗日民族统一战线以及开展抗日救亡等方面，领导了全省党组织和人民进行了卓有成效的斗争。省委在武江期间，召开了两次省委重要会议，举办了四期党员干部训练班，扩大党的统一战线，开展抗日救亡运动。

1939年1月7日，省委书记张文彬主持召开了省委第四次执委扩大会议。会议地点在韶关黄田坝八路军驻韶关办事处。参加会议的有省委领导、各地区领导以及部分县党组织的代表二十余人。博古代表中共中央南方局出席会议，传达了中共六届六中全会精神。会议总结了省委成立以来的工作，分析了当前抗日战争的形势。提出党组织必须向全省范围发展，必须面向工农，面向农村，大力开展农村工作，提高农民的觉悟，加快党在农村的发展。会议明确了当前省委工作的四大任务：一是广泛发展敌后游击斗争，配合正规军打击敌人；二是宣传、动员、组织群众，开展抗日救亡运动，支援前方；三是建立统一战线；四是建立强大的党的基础。会议明确规定以东江、琼崖两地区作为广东省长期抗战的根据地，决定成立东江、西江和北江3个特委以及高雷工委。会议根据中央指示，改组了广东省委，张文彬任省委书记。会后，省委主要负责人张文彬、李大林等分头到各特委传达贯彻，武装干部思想，使各级干部“不论在政治上、党的意识上、策略上、工作方法上，都得到了很大的进步，对整个广东党的发展是有很大意义的”。

1939年11月7日，中共广东省委召开了第五次执委会议。当时国民党顽固派不断制造反共摩擦，压制进步力量，政治形势日益紧张。这次会议先是在曲江马坝演山谢屋开了几天，由于当时省委正在那里举办党训班，唯恐人太多目标大，不安全，因此又转移至曲江黄塱坝（今属武江区）省难民救济总队驻地、农民党员林铭来家里继续秘密召开。会议根据党中央“坚持抗战，反对投降；坚持团结，反对分裂；坚持进步，反对倒退”和长期积蓄力量的指示精神，针对国民党顽固派掀起的反共政治逆流，研究了中国共产党如何采取对策的问题。决定以巩固党的组织为中心任务，制定了政治上的进攻，组织上的保密，实行组织工作与群众工作转变的方针和策略。为回击反共逆流，会议决定在东北、琼崖准备强大的武装力量，准备游击战争的发动；在中区、南路准备一支武装力量，以便保护已公开的干部；同时做好情况突变以后党转入长期秘密状态的准备。会议还选出了参加党的七大代表和候补代表。

省委举办的四期党员干部训练班中，第一期就在武江区域内。1939年3月，省委在韶关西河坝（今属武江区）一位可靠的农民家里举办了一期县级党员干部培训班，学员约三十人，大多数是从广州撤退到粤北的“抗先”骨干，也有少数当地党员干部。训练班班主任是苏曼（王维），组织工作由省委组织部秘书长黄松坚负责。党训班的主要课程有政治形势、马列主义、党的建设、统一战线、游击战争和工农青妇运等。省委领导涂振农、李殷丹、古大存、张超霞、吴华等为学员讲课。训练班6月份结束，结业时，省委给每个学员作了思想和学习鉴定，学员被分派到各地担任党的领导工作。例如：岑振雄任中共曲江县委书记，徐沂任中共连阳工委书记。这批学员为恢复建立党的基层组织建设，完成党的中心任务做出了贡献。

广州沦陷后，国民党广东省党部、省政府、第四战区司令部、第十二集团军司令部以及许多大中学校北迁入韶关，韶关成了广东战时省会。中共广东省委正确贯彻党的抗日民族统一战线政策，在积极争取国民党上层人士和进步人士抗日方面做了大量工作，收到显著的成效。1939年初，省委通过在国民党第四战区司令部供职的原战地服务队中共特别支部成员，对第四战区司令长官张发奎做了许多工作，在一定程度上影响了张发奎，促使他在政治上、工作上给抗日救亡团体以支持。省委还调派石辟澜、叶兆南、郁风等到余汉谋的政治部第三组进行军内外宣传工作，通过各种关系对李汉魂、余森文、李章达、莫雄等军政人士做团结争取工作，使国民党顽固派打击抗日组织，破坏团结抗日的反动行径受到一定的遏制。省委除了做好国民党上层进步人士的统战工作以外，还认真加强了对青年、妇女工作的领导，不断扩大抗日统一战线，实现党的中心任务。为了抗战宣传的需要，省委机关刊物《新华南》于1939年在曲江创刊，成为华南人民抗日斗争的一盏指路明灯。

三、中共北江特委在武江

1939年7月，中共北江特委成立，书记黄松坚，组织部部长王炎光，宣传部部长廖宣、吴坚（后），青年部部长张江明（1940年3月到任），委员谢永宽。特委机关设在韶关西河八路军办事处。中共北江特委管辖曲江、南雄、仁化、乐昌、乳源、英德、翁源、阳山、连县、连山的国统区和毗邻沦陷区的清远、佛冈、从化、花县及三水、南海、番禺等地的一部分。

中共北江特委贯彻广东省委决定的长期积蓄力量，强大党的基础，大力开展抗日统一战线工作，广泛发展敌后游击战争的方针，初期的工作重点有三项：一是发展农村和学校党的组织，迅速建立党的农村支部和学校支部；二是开展对新发展党员的培训，培训班开设有马列主义、抗日民族统一战线、党的建设、工人运动、农民运动、妇女运动等学习课程；三是针对国民党地方进步人士开展统一战线工作。

1940年12月，中共广东省委划分为粤南和粤北两个省委，同时北江特委也划分为北江前线特委和北江后方特委（简称“前北江特委”和“后北江特委”）。后北江特委机关设在韶关西河八路军办事处，1941年初转移到黄塱坝农民林九家中。在此期间，后北江特委开办党员干部学习班，加强对党员干部的形势教育，并按照省委的指示，开展三项工作：一是帮助爱国民主人士陈济棠安全撤退至东江；二是派梁静山、容兆麟、李端生等党员到广西中越边境地区开展工作，支援越南解放事业；三是营救东江华侨回乡服务团被捕人员出狱。

为了适应党的地下秘密活动需要，中共北江特委曾在韶关市西郊马停（蹄）脚（今韶关齿轮厂附近）开办了一家农场，作为地下党的秘密活动据点。

四、八路军驻广州办事处在武江

1938年10月，广州沦陷前夕，八路军驻广州办事处从广州北迁到曲江县城韶关河西，改名为八路军驻韶关办事处。1940年10月，由于国民党顽固派掀起第二轮反共高潮，为保存力量，办事处奉中共中央指示撤离韶关。

八路军驻韶关办事处在韶关近两年的时间，正处在全面抗战进入战略相持阶段，国共合作的形势十分复杂，广东的中共党组织也正处在巩固发展的重要时期。设立在国民党统治下临时省会的八路军办事处以合法的身份进行了大量的公开和不公开活动，对广东党组织的工作和抗战事业起到了特殊的历史作用。

一是广泛宣传了党的抗日主张和八路军的战绩，鼓舞全省人民的抗日热情。八路军驻韶关办事处通过接访、办班、讲课等方法，广泛接触群众和各抗日团体，加强党的抗战政策宣传。

二是掩护了中共广东省委的秘密活动，为巩固发展广东党组织做出了贡献。中共广东省委北迁到韶关后，一直处在地下秘密状态。八路军驻韶关办事处以公开合法身份开展活动，对掩护省委以及对省委开展工作都极为有利。八路军驻韶关办事处，是省委领导碰头研究工作和与各地党组织联系的秘密据点，也是掩护接送党的重要领导干部的交通站，如南方局博古、长江局王文杰、省委区梦觉、中央派来的军事干部李振亚等都是通过八路军驻韶关办事处秘密接送的。特别是1939年初，八路军驻韶关办事处与国民党第十二集团军司令余汉谋交涉，成功设置电台后，使省委与党中央以及与香港、桂林、海南岛等地党组织的联系得到了保障加强，对指导全省党的工作有着重要的意义。

三是认真贯彻执行党的统战政策，扩大了抗日民族统一战线。在广东省委的领导下，八路军驻韶关办事处审时度势，正确运用党的统战政策，依靠进步势力，争取中间势力，孤立顽固势力，推动抗战，统战工作卓有成效。争取了进步爱国人士如李章达、陈汝棠、莫雄等的密切合作，使他们始终坚持抗战、团结、进步，做了许多有益的事；加强对中间派如余汉谋、张发奎、余森文等的团结争取工作，在团结抗战的前提下大力支持他们的工作，达到扩大进步影响，遏制顽固势力制造分裂倒退的逆流的效果；对以高信、邱誉、蔡劲军等为代表的顽固派势力人物，则坚持有理、有利、有节的原则进行斗争，不断揭露他们压制言论自由、强行解散抗日群众团体及打击进步势力的行径。

四是出面营救了一批被国民党关押的革命同志，保护了党的干部。不少党的同志被国民党当局作为政治犯投进监狱，八路军驻韶关办事处千方百计同国民党当局交涉、斗争、极力保释，成功营救了一批被国民党当局关押的革命同志。

五是帮助省委和中央购买武器弹药、医药、生活用品和其他必需物资，并巧妙地利用国民党的运输力量把物资运送到所需要的地方。

五、武江民众抵抗侵华日军的壮举

曲江沦陷后，各地民众纷纷自发组织起抗日武装队伍，同入侵的日军和汉奸作斗争。在武江区域，比较有影响的是龙归抗日自卫队和重阳壮丁队的抗击日军斗争。

龙归人民抗击日军的战斗发生在1945年2月的一个晚上，龙归抗日自卫队集结了龙安村等村的群众共一百多人，向驻桥头岭的日军发起进攻。经过半小时的激战，攻占了岭脚的敌人碉堡，打死、打伤日军和汉奸若干人，缴获一大批物资。自卫队仅伤1人。1945年3月，龙归抗日自卫队组织社主、冲下、续源、凤田、甘棠、安村等地群众再次向日军发起攻击。战斗只进行了半天，一百多名日军溃不成军，丢下十多具尸体后仓促退撤韶关。自卫队员和群众伤亡十多人。4月，日军步兵七百多人，骑兵二百多人，配备8门迫击炮，并出动飞机“扫荡”龙归。龙归自卫队在群众掩护下突围。日军留下部分兵力驻守水道运输线。6月，日军一艘满载粮食、生盐、衣物、弹药的运输船由白土开往龙归。抗日自卫队发动龙归、白土沿线群众一千多人，手持步枪、粉铳、锄头、木棍杀向河边，攻击日军运输船，将十多名押船日军全部打死，缴获了整船物资。7月，龙归留村的龚家浩和甘棠村的刘三养两人组织起龙归、白土两地抗日自卫队及民众两千多人，攻打驻龙归圩的日军。战斗从傍晚一直打到次日凌晨，由于日军武器精良，弹药充足，自卫军久攻不下，伤亡十多人，天亮前主动撤出战斗。

1945年6月，重阳人民抗击日军的战斗开始打响。6月18日凌晨，三十余名日军从犁市驻地进犯重阳。村民组成的壮丁队立即紧闭村门，埋伏在主要道口和炮楼上。当日军冲到村前，村民举枪击毙一日本兵，在其他道口又击毙敌人一名。日军见势惊慌，将村子紧紧包围，暂停进攻。下午，重阳乡自卫队闻讯赶到，从村后白石岭进攻日军，形成内外夹击，迫使敌人撤退。6月28日凌晨，日军三十余人再次进犯重阳村，一日本兵冲进村里欲放火烧村时，被村民击毙。重阳乡自卫队和庙子阁自卫队先后赶来支援，日军退守黄沙洲，壮丁队、自卫队跟踪追击，毙敌3人，在黄土坛瓦厂及桥头又毙敌2人，敌人只得乘夜色退去。村民韩亚胜在战斗中牺牲。7月20日，驻扎在犁市的数百名日军再次向重阳报复性“扫荡”。上午10时，敌先头部队行进到重阳村口，村民郑亚热、黄开胜各开一枪竟击中三敌，大挫敌人锐气。21日上午8时许，一日军士兵从封堵的巷口跳出欲投掷手榴弹，迅即被自卫队战士击毙。自卫队员还用抬枪打击敌人，击毙2人，伤数人。22日，日军用迫击炮轰击村庄，自卫队牺牲3人，伤1人。战斗坚持至23日凌晨，因弹药将尽，全村军民撤离村庄转移至深山。前后3次抗击日军的战斗中，共击毙敌人二十余人，伤敌二十余人，村民也牺牲9人，伤5人。

六、“抗先队”龙归分队

全面抗战初期，在曲江党组织的领导下，曲江的马坝、乌石、龙归和周田等地先后成立了“抗先队”组织。“抗先队”运用各种形式广泛开展抗日救亡运动，宣传中国共产党团结抗战的方针政策，唤起曲江各阶层人民的爱国热情，积极投身抗战。同时，在开展抗日救亡运动中，各地青年也受到教育和锻炼，为壮大党的组织提供了新生力量。

1939年夏，中共党员王仲华从中共广东省委举办的党员干部训练班结业，分配到曲江县委任组织干事，不久调省委统战部工作。省委统战部安排王仲华到曲江龙归圩（今属武江区龙归镇）军民合作站任总干事，和四战区政工队员、中共党员沈丹凤、孙青新一起开展群众运动。他们串联发动龙归圩十多名党员、榨油工人和附近农村进步青年，组织广东抗日青年先锋队龙归分队，由沈丹凤和王仲华负责，后发展到七十余人。龙归分队与省“抗先队”保持密切联系，经常在龙归街和附近农村开展抗日宣传、义卖等抗日救亡活动，唤起民众热情。

七、地下机要交通站

中共广东省委在武江期间，在曲江设了3个交通站：第一个是位于风度中路的“五四书店”，主要负责上下联络，传递信件；第二个是设在黄田坝的一间老屋，主要用于接待；第三个是设在曲江的“马坝救亡书店”。还有八路军驻韶关办事处也在黄田坝设立了一间招待所。中共南方工作委员会也曾在重阳的南岸村建立了秘密机关。这些秘密交通站为党的工作开展发挥了重要的作用。

八路军驻韶关办事处黄田坝招待所。1938年10月广州沦陷后，八路军驻广州办事处迁入韶关，改称八路军驻韶关办事处。在西河租用“安园”（今武江南路36号）和邓观娣兄弟一间房屋为办公及接待工作用，不久因“安园”房主收回房屋，又在邓家多租了一间房，还在邻近的钟礼泉家（今武江北路108号）租了一间房作为招待所。办事处招待所所长是张华，招待员是邓球。办事处掩护中共广东省委和党的地下活动。地下党有些同志因工作需要经常来与省委联系，办事处利用合法身份接待他们食宿和解决其他问题。

省委西河黄田坝交通站。中共广东省委在黄田坝附近的一间老屋（今武江北路75、76、77号）设立交通站。由1938年冬办起，1940年结束，负责人为“唐同志”。主要作招待之用，凡是外地来找省委的同志，为安全起见，一般都安排在这里食宿。1938年夏天，林名勋曾在此住过约一个星期。招待所人员不多，连炊事员共3人。

中共南方工作委员会南岸交通站。1940年12月，中共广东省委撤销，分为粤北省委、粤南省委。为方便领导党组织的工作，中共南方工作委员会副书记张文彬（原任中共广东省委书记）在曲江县重阳南岸村设立机关。粤北省委也设在这里。党组织派谢健常驻机关，掩护和协助张文彬工作。香港沦陷后，南岸交通站曾是香港文化名人转移到西南后方的重要中转站。

胡绳，久经考验的忠诚的共产主义战士，无产阶级革命家，著名的马克思主义理论家、历史学家，曾担任中国人民政治协商会议第七、八届全国委员会副主席、中共中央党史研究室主任、中国社会科学院院长等。1942年四五月间，胡绳偕同妻子吴全衡从香港沦陷区脱险，途经韶关，曾在韶关市重阳镇南岸村交通站作过短期隐蔽，后经广西桂林到达重庆。1999年1月7日，胡绳来重阳南岸村，故地重游，留影并作诗《南岸村》一首："残屋三间幸尚存，颓墙难觅故人魂。草丛石径轻移步，恐有当年旧屐痕。"

第三节 为武江解放而斗争

1945年8月15日，日本宣布无条件投降。标志着中国人民十四年的浴血奋战，终于取得了伟大胜利。武江区人民同全国人民一样，无不为取得抗日战争的伟大胜利而欢欣鼓舞，热切希望实现和平民主，休养生息，重建家园。可是以蒋介石为代表的国民党统治集团，企图独吞抗战胜利果实，继续实行国民党的一党专政，维护和恢复他在全国的法西斯独裁统治，执意实行消灭中国共产党及其领导的人民武装的方针。而中国共产党代表了广大人民的根本利益和迫切愿望，力争通过和平的道路，建设一个独立、民主、富强的新中国。为了争取和平、促进和平，中国共产党不顾蒋介石一手玩和平的骗局、一手加紧策划内战的风险，为了中国人民的和平事业，毛泽东、周恩来等中国共产党人接受蒋介石的邀请，亲赴重庆谈判。由于蒋介石的和平谈判本来就是个骗局，他最后终于撕下和平的假面具，悍然发起全面内战。武江的人民，同全国人民一样，为了实现真正的和平，为了自身的解放事业，在中国共产党的领导下，汇入人民解放战争的滚滚洪流。

一、爱国民主运动在武江区域的发展

毛泽东率领中国共产党代表团赴重庆谈判，并于1945年10月10日签订《双十协定》。可是不久，国民党却违背《双十协

定》，加紧调集兵力，大肆进攻解放区，内战危机日益严重。同年底，昆明市的大中学校师生率先掀起“反内战、反独裁、争民主”的运动。这场运动遭到了国民党反动派的残酷镇压，发生了震惊中外的“一二·一惨案”。之后，全国各主要城市相继爆发了声势浩大的声援昆明爱国师生正义斗争的集会、游行、示威活动。1946年1月30日，中共广州市委组织中山大学、中华文学院、中大附中师生共两千多人进行反对内战、争取民主的运动。很快，反内战、争民主、反独裁的运动席卷了整个国民党统治区。

在这场运动浪潮的冲击下，北江地区的各阶层人民和青年学生对国民党的独裁统治和执意内战的反共政策极为不满，要求停止内战，争取人民民主自由的正义呼声十分强烈。当时曲江地下党组织因势利导，及时引导和推动了这场斗争。一方面，广泛团结党外进步人士、机关职员和知识分子，创办党的外围刊物《民风周刊》，宣传民主，反对内战，教育群众。另一方面，以曲江一中、韶州师范、志锐中学等学校为阵地，领导师生开展反对学校当局的奴化教育，反对反动党团组织的特务活动，抗议限制师生组织进步团体、阅读进步书报，恣意搜查学生信件，克扣老师工资和学生伙食等斗争。使这些有组织的斗争形成一股反内战、反独裁、争取民主的学潮。

《民风周刊》出版发行后十分畅销，轰动了山城韶关，也惊动了国民党韶关军政头目，在出版第二期时就遭到国民党反动当局的扼杀，国民党韶关专署下令停止发行《民风周刊》。此举引起了国民党党外人士的愤愤不平，纷纷痛斥国民党假民主、真独裁、真内战的反动面目。

二、建立曲英乳游击根据地

1948年上半年，敌人的重点进攻和“围剿”失败后，曲江的人民武装部队进入了一个新的发展时期。曲英乳人民义勇大队经过一个多月的休整和学习，政治和军事素质都得到了很大的提高。粤赣湘边区人民解放总队派遣谭颂华领导大队。8月，根据五岭地委和粤赣湘边区人民解放总队的决定，曲英乳人民义勇大队向英德、乳源边区挺进，开辟新区，配合连江支队的斗争。

10月初，曲英乳人民义勇大队到达曲江的江湾（今属武江区江湾镇），在白石、三门神、黄屋坝、墩头、良田等村进行大宣传，访贫问苦，发动群众筹借粮食。这一地区已经有了一定的群众基础，因为早在1948年4月，曲英乳人民义勇大队已经选派政治服务员和文化教员文丹、张志明两人先行进入江湾做了许多艰苦细致的群众工作，以配合大部队开辟新区。首先是吸收了周塘村长工陈北源参加秘密的贫雇农团组织，担任交通员。以后又通过访贫问苦，发动了一批深受压迫的农民群众，如白石村的江贵，三门神村的赖煌、赖东等组成贫雇农团骨干。义勇大队到来后，在陈北源、江贵等骨干的带动下，用反“三征”（征兵、征粮、征税）口号发动群众，很快组织起“兄弟会”，扩大了贫雇农团组织，建立起民兵。此外，义勇大队还派出游击小分队到江湾的胡屋、湖洋、陈屋、梁屋等村庄组织农会、民兵，开展减租减息，借枪借粮，培养了当地民兵骨干江白苟、邹湘等人。接着义勇大队主力西进乳源大布、企石，英德的平治洞等地活动，派出武工队组织农会、民兵，借枪筹粮，活动范围逐步扩大，曲英乳游击根据地初步形成。

三、秘密据点马蹄（停）脚农场

西河芙蓉山马蹄（停）脚农场，是抗日战争时期中共北江特委留下来的一家小农场。1941年，共产党经营的樟脑合作社赚了一笔钱，上级指示从中拨出17000元关金券，作为开办农场的资金，其中7000元购买马蹄脚的田地40亩（1亩≈666.67平方米），10000元购买耕牛、农具、种子、肥料，以及建起泥砖平房一座，茅棚、草房、杂屋4间和50平方米的晒场，并购买了半年的粮食。1942年粤北省委被破坏后，广东地下党暂时停止活动，但农场未停止工作。1944年冬，由于侵华日军打通了粤汉铁路南段，粤北形势紧张，因此农场停止工作。

1946年解放战争开始，为便于开展对敌斗争，中共粤北特派员张华和曲乳边特派员杜国彪决定恢复马蹄脚农场，作为党的秘密活动据点。农场复办初期，张华和江嫂夫妇及家人住农场。张华改名刘复兴，大家叫他刘老板。还有从清远调来的赖茂生一家六人，来自连江的莫柱生、陈先信，来自南雄瑶坑的梁维平（梁大姐），东江纵队来的黄玉英（丘桂芳），珠江纵队来的刘成，《前进报》来的林立明，地方党组织安排来的叶树青（叶衍康）、钟绿萍夫妇。农场建立党支部，党支部书记初时是张华的夫人江嫂，江嫂调走后是梁维平，支部成员有张华、杜国彪、林立明、黄玉英、叶树青等十余人。

这个秘密活动据点发挥了多方面的作用。一是地下党领导碰头、开会的地点。这里离韶关市三四千米，地处农村，不易引起敌人注意，比较安全。张华、杜国彪、程琪、赵学光、李凌冰、杨泰湖等领导同志常来此碰头，听取各方面的情况汇报，传达上级指示，研究布置工作。二是暂时隐蔽安置上级调来曲江而一时未能安排工作的同志。三是收容部队快分娩的女同志和生病的同志，利用农场作掩护在这里分娩，短期休养。四是交通联系。从外地到韶关转游击区的同志，多数由交通员刘成、吴棠、傅南安负责领入。

由于农场是党的秘密机关，为了加强保卫工作，首要的是和周围的群众搞好关系，和睦相处。对附近的村庄提出的困难，只要能办到的，农场都尽力帮助解决。如来农场借耕牛、农具、种子、粮食等等，都做到随到随借。周围的群众对农场也很关心。如有一次，附近村庄的群众告诉农场，有坏蛋流氓准备偷农场的大水牛，农场得知消息后，一方面让杨泰湖身穿军装，佩带手枪，骑着大马巡查周边，一方面邀请附近有名望的人士来农场赴宴，席间刘老板（张华）介绍杨是他的亲戚。消息传开，“刘老板有钱有势力，不可轻惹”吓阻了那些坏蛋流氓。对于有时伪乡长、伪保长带人查验户口身份，农场则灵活应付，让他们找不到借口。

四、江湾反“围剿”战斗

1948年冬，全国解放战争的形势发生了根本的变化，进入了夺取全国胜利的决定性阶段。粤赣边先遣支队和粤赣湘边区人民解放总队已歼灭了不少地方保安团队、乡自卫队，武装战斗逐步由山区向平原推进。曲江的武装斗争进入大发展时期，挺进乳南的曲英乳人民义勇大队已经是一支七八十人的武装队伍。

1948年11月26日，当部队在江湾白石村驻宿时，交通员送来曲江龙归联防队欧者坚围攻白石村的情报，部队领导考虑到部队来新区不久，立足未稳，要处处照顾群众的利益，因而决定，打与不打由群众来定。如果群众不愿意打，部队就隐蔽起来，以免群众遭受报复蒙受损失；如果群众愿意打，部队就积极支持帮助群众，配合歼灭敌人。当地群众由于平时受尽这伙反动分子的欺侮，对敌人十分愤恨，因此一致主张反击，并集中了村中全部鸟枪、粉铳和步枪，准备在村前高地迎击敌人。部队则派出战斗人员配合民兵作战。战斗中军民居高临下，痛击敌人，敌人望风而逃，首战告捷。

11月底，英东突击大队两个中队和连江支队手枪队同时来到江湾，同曲英乳人民义勇大队在江湾胡屋会合。英德、曲江、乳源三县的反动武装则正策划对江湾三支人民武装的“围剿”。敌英德县自卫总队一个连（配两挺机枪）驻乳源大布侯屋，敌乳源县自卫总队进驻白竹，敌曲江交警和龙归、马坝联防队则向江湾进发，企图三面夹击包围游击队。为了粉碎三县敌人的合围阴谋，三支解放军部队的领导召开了小队长以上全体干部会议，决定集中优势兵力先打敌人较为薄弱的乳源一路敌人。12月1日，三支部队集中到洪山、武洞（白竹到江湾必经之路）伏击敌人。12月3日，曲江一路的敌人进犯江湾白石村，村民和民兵奋起反击，连七十多岁的江兆木老人也参加战斗，打死打伤敌人十多人。由于敌众我寡，战斗到中午后全村撤退上山。敌人扑入空村，放火烧村，惧于情况不明，只得匆忙撤退。

在洪山、武洞伏击敌人的部队，发现敌人龟缩在白竹不敢前进，便重新制定策略，组织了两个爆破组、两个突击班，午夜出发，次日拂晓发起对白竹的攻击，击毙敌人2人，伤敌无数。乳源之敌遭此袭击后退缩回乳源城里再不敢露头。乳源之敌被击溃后，英德一路的敌人也仓惶离开大布塘洞，退回英德去。至此，敌人的三县“围剿”迅速瓦解。

五、乳曲边人民联防办事处

张清的《解放大军过江湾》回忆录中，对成立乳曲边人民联防办事处支援人民解放大军过江湾的历史作了回顾。1949年4月下旬，江湾成立了乳曲边人民联防办事处，归属连江支队第六团领导。下辖5个民兵中队和1个独立小队，300多人。张清是办事处主任，副主任胡日妹，委员梁智民。指导日常工作由中共党员、武工队的谢民负责。乳曲边人民联防办事处为支援解放大军过江湾做了大量的工作。

江湾地处曲江县西部，与乳源县接壤，崇山峻岭，地势险要。1949年农历八月十八日，联防办事处派出民兵在乳源县属的九仙坳放哨，以防国民党军队进袭江湾游击区。不料解放军先头部队（一个排）从九仙肖屋坳开进来，由于事先没有得到任何消息，放哨民兵误认为是国民党军队，便向他们开枪。但解放军一枪未发，大踏步前进，很快走近，民兵才知道是解放大军到来了。黄昏，解放军先进入周塘村做晚饭。饭后，办事处派两名民兵做向导，带解放军到大布。

第二天早上，办事处工作人员带两名民兵前往梁屋与解放军先头部队会晤。随后，经过三昼夜的行军，才西出江湾境地。江湾境内道路崎岖，大布坳一带尽是悬崖峭壁上的羊肠小道，驮负炮弹的马匹行走十分困难，有两匹战马摔死在大布坳中。

解放军在江湾驻留期间，联防办事处积极发动群众，筹集了超过1.5万公斤粮食支援部队。大军在乳源县缴获国民党县政府的一部分枪支和两部电话机，都交给了乳曲边人民联防办事处收管使用。

2

第二章

砥砺艰辛，图强自立建新功

1949年10月1日，首都北京30万军民在天安门广场集会，隆重举行开国大典。毛泽东宣读中央人民政府公告，向全世界庄严宣告伟大的中华人民共和国成立。公告说："本政府为代表中华人民共和国全国人民的唯一合法政府。凡愿遵守平等、互利及互相尊重领土主权等项原则的任何外国政府，本政府均愿与之建立外交关系。"朱德在举行阅兵式时，宣读了中国人民解放军总部命令，命令人民解放军迅速肃清国民党一切残余武装，解放一切尚未解放的国土，同时肃清土匪和其他一切反革命匪徒，镇压他们的一切反抗和捣乱行为。中华人民共和国的成立，标志着中国新民主主义革命的胜利。中国人民在中国共产党的领导下，进入了社会主义革命和社会主义社会建设时期。

1949年10月7日，中国人民解放军解放曲江县城韶关。10月

10日，中国人民解放军进驻曲江县全境，曲江县军事管制委员会成立。同时，曲江县人民政府成立。10月12日，中共曲江县委成立。10月14日，曲江县城成立城关区。11月，城关区升格为韶关市，不属曲江县管辖。1950年3月，韶关市降格为韶关镇，回归曲江县管辖。1951年6月，韶关镇再次升格为韶关市，从此，不再属曲江县管辖。武江区域的行政隶属，随着韶关市的管理体制的变迁而变化。在武江区建立前，武江区域的大部分行政区域归属韶关市管辖，中共党组织归中共韶关市委领导。武江区域的行政管理和党组织发展沿革大致分为城区和郊区两大脉络。

（一）城区脉络

1952年11月，撤销西厢乡，成立西河街道办事处，建立街道办党支部，隶属中共韶关市委领导。1956年，西河街道办事处并入和平街道办事处，西河城区党员归中共和平街道办党支部领导。1960年5月4日，中共韶关市委决定成立城市人民公社领导小组，武江城区设西河人民公社，建立公社党组织，归中共韶关市城市人民公社领导小组领导。1968年，西河公社改称西河街道革命领导小组，隶属韶关市城市人民公社党的领导小组管理。1969年11月，街道革命领导小组改称革命委员会。1971年，韶关市划为东河、南郊、中区、南区、北区、西河等6个行政区，武江区域内设西河区街道革命委员会，建立中共西河区街道委员会，隶属中共韶关市委领导。1975年11月，韶关市6个行政区合为3个区，原西河区街道革命委员会改称武江区革命委员会，党的组织改称中共韶关市武江区委员会，归中共韶关市委领导。1978年10月6日，中共韶关市委决定，撤销武江区革命委员会，改称武江区区公所，党的组织仍称中共韶关市武江区委员会。1981年10月，撤销区公所，改称韶关市武江区人民政府，为市政府的派出机构。1984年9月，根据广东省人民政府1984年7月17日关于增设韶关市北江区的批复，撤销原韶关市武江区人民政府。原中共韶关市武江区委员会自行解体。

（二）郊区脉络

1951年12月，成立韶关市郊区办事处，组建办事处党组织，隶属中共韶关市委领导。1952年12月，成立中共韶关市郊区委员会。1958年7月，成立韶关市蔬菜公社，建立公社党委；1959年1月，改称环市人民公社，中共环市公社党委隶属中共韶关市委领导。同年4月，市郊区与曲江、仁化、乳源3个县合并，成立韶关市大郊区，同时成立中共韶关市郊区委员会，隶属韶关市委领导。1961年1月17日，韶关市委决定，撤销韶关市大郊区，恢复韶关市郊区办事处、曲江县、仁化县、乳源县建制。市郊区办事处办公地址设在五祖路。1965年8月，环市公社分出，成立芙蓉公社，组建公社党委，由韶关地区示范农场党委管理。1969年，芙蓉公社并入环市公社；1973年，环市公社分出新韶公社，各公社均设党委建制。1975年7月，新韶公社分出芙蓉公社。公社党委隶属中共韶关市委领导。1975年3月，中共韶关市委决定恢复韶关市郊区，组建中共韶关市郊区委员会，下辖环市、芙蓉、新韶3个公社党委，其中，武江区域内有环市、芙蓉2个公社。1978年，环市公社分出北郊公社，同时成立北郊公社党委。是年，中共韶关市郊委管辖环市、芙蓉、新韶、北郊、东郊5个公社党委。武江境内有环市、芙蓉、北郊3个公社。1983年11月，公社改称区公所。1984年9月，根据省政府关于增设韶关市北江区的批复，撤销韶关市郊区，原郊区管辖的环市、芙蓉、北郊3个公社的部分乡划入新组建的武江区。中共韶关市郊区委员会自行解体。

第一节 武江区域人民政权的建立和巩固

1949年10月，曲江县全境获得解放。中共曲江县委和县人民政府作为全县革命和建设事业的领导核心，肩负起在全县贯彻执行党的路线、方针、政策，实现党的工作重心向巩固新生人民政权、进行和平建设转移的重任。解放初期，武江区域隶属曲江县管辖。武江人民在新成立的中共曲江县委和曲江县人民政府的领导下，巩固革命胜利新成果，恢复发展经济，建设新社会。

在人民政权建立之前，曲江军事管制委员会（简称“军管会”）作为全县的最高权力机关，迅速开展对国民党党、政、军、民等机构的接管工作。曲江军管会最初设想“原封地有步骤地接收”。但是，由于敌人在溃败之前进行了一系列的破坏活动，留下的只是一个烂摊子，“原封”已不可能。1949年10月25日，中共中央华南分局从政权巩固和经济社会管理两个方面明确提出了“安定社会秩序，肃清反动派残余势力，打击反革命分子的捣乱活动”和“恢复生产，坚持执行公私兼顾、劳资两利、城乡互助、内外交流的经济政策”两条原则。曲江军管会确立了“按系统接管”和“接与管紧密结合”的工作方针，本着实事求是、稳步前进的精神，根据机构的不同性质，采取不同的接收办法：对旧政权原有军事、政治、官僚、特务机构，实行彻底打烂的办法；对官僚资本企业，采取“自上而下、原封不动、按照系统、整套接收”和“快接细管”的办法。在打烂旧政权机构的同时，对旧政权机构人员，采取慎重负责，区别对待，量才录用，基本上“包下来”的政策。经过近两个月的努力，整个接管工作基本完成。

接管工作的顺利完成，为各级新生政权的建立、巩固，为稳定社会秩序，恢复发展生产，奠定了坚实的基础。革命胜利夺取政权之后，形势仍是十分复杂。新建立的中共曲江县委和县人民政府要带领全县人民巩固新生政权，在政治上必须坚决镇压各种反革命残余势力，彻底完成清匪反霸、退租退押、土地改革等各项任务；在经济上，必须打击投机资本，稳定金融物价，集中全力平复战争创伤和采取一切有效措施防灾救灾，恢复发展生产，特别要尽快恢复农业生产，争取财政经济状况的根本好转；在党的建设上，要毫不放松地对广大党员进行马克思主义、毛泽东思想和保持谦虚谨慎、戒骄戒躁、艰苦奋斗优良作风的教育，切实巩固党的各级组织，提高党的战斗力和威信。

一、建立人民当家作主的基层政权

1949年9月，中国人民政治协商会议通过了《中国人民政治协商会议共同纲领》。它是中华人民共和国建立后加强政治建设的根本纲领，起着临时宪法的作用。它明确规定了新中国的国体，宣布中华人民共和国的国家政权属于人民，人民行使国家政权的机关为各级人民代表大会和各级人民政府。规定人民代表大会制度为中国的政权组织形式。

1950年至1952年，在全国范围内形成了民主建政的高潮。中共曲江县委和县人民政府，在形势复杂、任务艰巨和百废待兴、百业待举的困难面前，在全面分析形势的基础上，保持清醒的认识，及时做出民主建政、巩固新生人民政权的重大决策部署。

根据中共北江地委和北江临时人民行政委员会的指示，中共曲江县委、县人民政府迅速投入民主建政工作。1949年10月，全县建立了6个区62个乡人民政府，并任命了各区的区委书记和区长。其中二区的龙归、马渡、阳山、坝厂、凤田、白芒6个乡和五区重阳乡以及城关区的西厢乡，是今天的武江区域所属。1950年至1951年10月中旬，曲江县先后召开了第一届、第二届人民代表会议，有力促进了民主建政。各区、乡均召开过人民代表会议，代表经民主选举产生。在土地改革中，每个环节都召开一至两次区、乡农民代表会议，讨论一切重大问题，形成决议由农民协会领导全乡农民贯彻执行。

民主建政推动了基层民主政权建立，民主制度的基本建立，在政治、经济、社会生活中发挥着重要作用。人民群众的积极参政议政，体现了对政府工作的民主监督作用；各级政权通过民主选举，有效调动了人民群众的政治热情和生产积极性，党的方针政策和政府法令更加深入人心，人民群众对党和人民政府更加信任与支持，党和政府与人民群众的联系更加密切。

二、为巩固人民政权的斗争

（一）开展剿匪斗争

国民党在其军队主力被歼灭后，仍然不甘心失败。其在溃逃台湾前，将大量的正规军化整为零，转为匪特，潜伏各地，骚扰群众，破坏设施，打击新生政权，伺机死灰复燃。这些匪特竭力网罗各类反动分子，组织反革命暴动，捣乱破坏，严重干扰了各级新生政权的正常工作，给人民的生命财产安全造成了严重的威胁。人民群众强烈要求人民政府和人民解放军消灭土匪，根绝匪患。

中华人民共和国成立初期，曲江县是广东匪患最为严重的县之一。在国民政府时期，曲江县是所谓的模范县，政治上反动统治的根基很深；经济上，曲江是粤北重镇，官商勾结、官匪为患的现象十分严重；而在地理位置上，曲江地处粤北五岭山区，山峦重叠，林深如嶂，易守难攻，更易于土匪藏身。曲江解放前夕，国民党先后从南京、上海、台湾遣派来韶的中统特务约计三十人，军统特务一百余人。曲江解放时，散落在曲江的国民党伤兵就有三千多人。这些匪特均以山区为藏身之地，负隅顽抗，时刻威胁着曲江人民政府和人民生命财产的安全。

曲江县的土匪有经济土匪和政治土匪两种。经济土匪除少数是贫民落草为寇者外，大多数是国民党溃逃后，经济上失去依靠无以为生者。政治土匪则是以潜伏特务、流散的反动官兵为主，纠合一批惯匪、流氓和部分顽固不化的地主、富农组成。他们盘踞在深山老林中组织“反共救国军”“反共自卫总队”，自封“军衔”，以反共为目的，从事破坏新生人民政权、谋财害命、危害社会活动，与人民为敌。当时，曲江县境内有五十人以上的土匪十余股，匪徒计一千五百余人。这些土匪特务依仗其反动武装及装备的各种武器，有组织、有计划、有步骤地袭击区、乡基层人民政府，企图扰乱民心，动摇人民政权。

1949年11月1日，中国人民解放军粤赣湘边纵队北江指挥部、北江临时人民行政委员会联合发出“彻底清剿残匪，保障社会安定，对误入歧途者准予将功赎罪，准予自新，准予宽大处理”的布告。12月，中共曲江县委做出剿匪决定，并发布《曲江县实施冬防办法》的布告。为配合人民解放军剿匪，曲江县人民政府制定了5条剿匪措施：军事进剿，以大军为主，民兵配合；政治攻势，分化瓦解敌众；举办自新人员学习班，扩大影响；管制匪属，加强监视行动；实行粮食定量管理，防止接济土匪。

在武江区域比较大的剿匪战斗，是发生在龙归罗厂村，对“广东反共自卫救国军第四军第十一师第三十八团”团长傅桂标股匪的围剿。1951年4月29日，北江分区参谋长黄云波率第十团一营兵力和曲江县大队、各区中队、民兵共一千多人，将日前从曲江县罗坑乡逃窜至龙归罗厂村山洞隐匿的傅桂标股匪实施三重包围。采用围而不攻的办法，就地搭起茅棚困守。白天围山巡逻，晚上架起几百盏汽油灯照明。6天后俘获匪首傅桂标以及股匪26人，缴获武器二十余件，弹药一批。

剿匪斗争的胜利，有力打击了各种反动势力，保障了人民的利益，促进了社会秩序的明显好转，巩固了人民政权，激发了广大人民群众热爱党、拥护人民政府的热情。

（二）开展镇压反革命运动

1950年6月，朝鲜战争爆发。潜伏港澳的大量国民党匪特潜入广东，隐匿各地的残余匪特重新抬头。这些匪特加紧收集军事情报，散布各种谣言，进行各种破坏活动。特别是关于第三次世界大战与“反攻大陆”的谣言甚嚣尘上，以致各地形势紧张变化，严重危及新生人民政权。1950年10月，中共中央发布《关于镇压反革命活动的指示》。1950年11月，华南分局发出《执行中央关于〈镇压反革命活动的指示〉的指示》。按照中共中央及华南分局的指示精神，北江地区从1950年10月到1953年7月，开展了一场大张旗鼓的镇压反革命运动。

武江区域的镇压反革命运动是在中共曲江县委的领导下开展的。中共曲江县委遵照中央和华南分局、北江地委的指示，组织县人民政府和县公安局，研究分析敌情，检查前一时期对反革命案犯久押不决等问题，制定镇压反革命运动计划，有领导、有步骤地深入发动群众，以土匪（匪首、惯匪）、特务、恶霸、反动会道门头子、反动骨干分子等五类反革命分子为打击重点，开展声势浩大的镇压反革命运动。运动经历了三个阶段。

第一阶段的主要任务是清剿土匪。1950年11月，曲江县人民政府发布《关于反动党团及特务分子登记自新办法》的布告，敦促反动党团及特务分子在20天内主动向公安局申请悔过登记。结合此前发布的《反动党团、特务组织停止一切活动》《彻底肃清残匪》《枪支登记及收缴办法》等布告，对广大匪特分子产生了一定的震慑和敦促作用，当年就有61人到公安机关登记自新，收缴电台和枪支弹药一批。至1950年11月，全县有六百多名匪特等各类反动分子申请了登记。

1950年12月初，曲江县开始土地改革，潜伏在曲江的各类反革命分子蠢蠢欲动，破坏土改，造谣惑众，欲与国内的其他反革命分子相互呼应、里应外合。为及时镇压这些反革命分子，曲江县委和县政府又根据省政府的指示和要求，并根据中央颁布的《人民法院组织法》，组织县人民法庭，设置各区分庭，加强了镇压反革命的审判力量。

第二阶段的主要任务是镇压土匪、恶霸、反动军政官吏、特务和现行反革命分子。1951年2月，中央人民政府颁布《中华人民共和国惩治反革命条例》，为镇压反革命的斗争提供了法律武器和统一量刑的标准。1951年3月，中共曲江县委发出《结合法庭惩办地主抗交公粮，抓紧分田、不准浪费斗争果实》的通知。这个时期，曲江县法院依法判决了一批反动会道门分子、特务、惯匪及破坏交粮分田的反动恶霸地主。

第三阶段的主要任务是取缔反动会道门及继续深挖反革命分子。1953年2月，华南分局发出《广东中小城市取缔会道门工作的指示》。北江地委也随后发出布告，宣布取缔一贯通、先天道等反动会道门，逮捕其中罪大恶极的首恶分子。组织了反动会道门的罪证罪行展览，组织道首现身说法，坦白交代自己利用反动会道门欺骗、祸害人民群众的恶毒伎俩和犯下的各种罪行。

经过镇压反革命运动，基本肃清了土匪、特务、恶霸、反动党团和反动会道门组织，保证了土地改革、抗美援朝的进行。

（三）开展抗美援朝运动

1950年6月，美国派兵干涉朝鲜内政，发动对朝鲜的全面战争，并派遣第七舰队入侵台湾海峡，严重威胁新中国的国家安全。应朝鲜人民民主主义共和国的请求，中共中央在反复权衡利弊后，作出了“抗美援朝，保家卫国”的决定，毅然派遣中国人民志愿军赴朝作战。由此，全国掀起了轰轰烈烈的“抗美援朝，保家卫国”运动。武江人民在曲江县委、县政府的领导下，积极响应党中央和毛主席的号召，踊跃参加各种捐献活动，积极动员自己的兄弟子女参军参战，同时积极做好支前工作，加强生产，以实际行动为抗美援朝的最后胜利做贡献。1950年11月，北江地委发出抗美援朝运动的指示，并成立“抗美援朝，保家卫国”动员委员会。在全区广泛掀起抗美援朝运动的热潮。

一方面是广泛深入开展宣传教育活动。宣传教育活动以仇视、鄙视、蔑视美帝国主义为主要内容。由于受国民党政权长期统治的影响，群众中存在着民族自卑心理，抱有不同程度的恐美、亲美、崇美思想，对与美国作战有较大的思想顾虑。中共北江地委发出《关于开展时事宣传的指示》，广泛宣传唇亡齿寒、抗美援朝即是保家卫国。还开展了以仇视、鄙视、蔑视美帝为中心，结合防袭防战、拥军护政的系列宣传教育活动，使广大人民群众普遍受到了教育，增强了民族自尊心和自信心，转变了他们对美国的认识和态度。在1951年的“五一”期间，北江地区响应抗美援朝总会的号召，举行了声势浩大的“五一”大游行，全区广大人民群众踊跃参加，进一步激发爱国主义精神。全区还开展了拥护世界和平、反对美帝国主义侵略朝鲜的群众性签名活动，从80多岁的老人到刚入学的儿童都积极签名，表现出高昂的爱国主义热情。

另一方面是掀起参军参战热潮。曲江青年十分踊跃，1950年11月和1951年5月两次征兵都超额完成上级下达的任务。两批参军的青年大都开赴朝鲜前线参加抗美援朝战斗。他们作战勇敢，不怕牺牲，表现出曲江儿女的英雄气概。在反击美帝国主义的侵略战斗中，许多同志光荣负伤甚至献出了宝贵的生命。武江区西河镇烈士余贵，1928年出生，中共党员，牺牲前是中国人民志愿军十五军二十九师炮兵连代理排长；还有志愿军战士黄宗洪，1924年出生，1953年在朝鲜战争中光荣牺牲。余贵参加了著名的上甘岭战役。在战斗中，他表现英勇，不幸一条腿被敌人的炮火炸断，但是他仍然坚守阵地，多次打退了敌人的进攻。在这个阵地上，他们击毙敌人三百多人，余贵终因流血过多，壮烈牺牲。志愿军领导为表彰其英勇顽强、孤胆作战的精神，追记余贵特等功，并授予二级英雄称号。

在抗美援朝运动中，广大人民群众的爱国热情空前高涨，各行各业以实际行动响应全国抗美援朝总会的号召，制定爱国公约，广泛开展增产节约和爱国捐献活动，各界人民纷纷捐款捐物，支援前线抗击美国侵略者。资料显示，至1951年底，北江地区捐献购买飞机大炮款198亿多元（当时的人民币），折合为13架战斗机。韶关市和曲江、南雄、英德、连县等县，是捐献最多的，均有超过1架战斗机价值的捐款额。这中间少不了武江人民的爱国捐献。为了更好地以实际行动支援抗美援朝，北江地委领导全区人民开展爱国丰产运动。工人群众纷纷制定增产节约计划和爱国公约，开展劳动竞赛，提高生产效率，将增产所得长期捐献，在增产捐献的活动中起到了带头作用。广大农民也积极投入农业生产，提出“多交一斤粮多消灭一个美国鬼子”的口号。

第二节 武江区域的社会主义建设

中华人民共和国成立后，中国共产党领导全国各族人民，战胜了帝国主义和国民党反动残余势力的武装挑衅和破坏，打破了国际反华势力的政治、经济封锁，巩固了新生人民政权，迅速恢复了国民经济，实行全面的社会改革，有计划地开展了社会主义建设。武江人民在中共曲江县委和韶关市委的坚强领导下，遵照中共中央的部署，在取得了清匪肃特、镇压反革命和支援抗美援朝战争等重大成绩，使新生人民政权在得到巩固的基础上，积极实施新民主主义改革，有计划地推进社会主义建设，认真贯彻党在过渡时期的总路线，为日后大规模的社会主义建设的实践与探索打下了较好的基础。

一、农村土地制度改革

中国的封建土地制度问题，是束缚中国农村社会生产力发展的根本问题，也是造成中国农民阶级极端贫苦的根本问题。中国历史上发生的历次农民起义运动，大都是因土地问题而引发。“耕者有其田”是中国广大贫苦农民的向往。在民国初期至中华人民共和国成立初期，武江区域内占总人口近50%的贫雇农民只有13%左右的土地。无地少地的贫雇农民只能向地主租耕土地，而地主则层层盘剥，此外还有名目繁多的额外剥削，致使广大农民终年得不到温饱。中华人民共和国成立后，经过减租，废除旧债务，削弱了地主阶级的封建势力，广大农民强烈要求彻底摧毁地主阶级及其赖以对农民进行剥削压迫的封建土地制度，实现耕者有其田。

1950年6月30日，中央人民政府颁布了《中华人民共和国土地改革法》。1950年7月14日，政务院又颁布了《农民协会组织通则》，规定农会是农村改革土地制度的执行机关。北江地区的土地改革运动，是在中共北江地委的直接领导下进行的。从1950年12月至1953年4月，北江地委和专署认真执行“依靠贫农、雇农，团结中农，中立富农，有步骤有分别地消灭封建剥削制度，发展农业生产”的土地改革总路线，把中共中央关于土地改革的政策原则，与本地区具体实践紧密结合起来，制定了一系列的具体政策，推动了本地区土地改革运动的健康发展。1951年2月5日，中共北江地委召开第一次土地改革（简称“土改”）会议，贯彻华南分局提出的“稳步加快”方针，制订出全区的土改计划。

武江区域的土地改革运动是在中共北江地委、曲江县委的直接领导下进行的。大体经过了清匪反霸、退租退押；划分阶级；征收没收土地；分配土地及胜利果实4个阶段，分5个步骤进行。

第一个步骤是清匪反霸、退租退押、反破坏与整编群众队伍。1950年12月底，上级派来工作队到武江区域开展土改运动。工作队按照曲江县委“土改第一步骤是放手发动群众，坚决依靠贫雇农，首先进行反霸斗争，打击地主的破坏，进一步结合当地农民要求，开展退租退押运动。达到把地主阶级统治威风完全打倒，初步确立农民优势，组织以贫雇农为骨干的土改队伍”的方针，开展反霸、减租退押工作。工作队从反霸减租入手，发动群众控诉土匪罪行，动员群众搜山挖匪根，同时开展政治攻势，利用自新土匪、匪属，动员土匪自新、投降。通过清匪反霸、减租退押，农民感受到了斗争的成效，扫除了土改的阻力。

第二个步骤是划分阶级。按照曲江县委的部署，划分阶级的一般做法是“讲解、评划、通过、批准与宣布”四步及“自报公议”三榜公榜定案。曲江县委、县政府在总结经验和做法的基础上，强调“要解除群众对划分阶级的误解和思想顾虑，将政策交给群众掌握。评阶级时要以村为单位进行，先评地主，次评富农，后评中贫农。在通过批准阶级时，要正确划分阶级的标准与合法手续”。

第三个步骤是没收征收土地。在土改的初期，部分土改队员认识不足，产生麻痹、自满思想，不少地主采用“藏、逃、诱、拖”手段拼死抵抗，斗争极为尖锐复杂。曲江县委及时发出指示，强调“要纠正自满轻敌情绪并进一步放手发动群众”，规定“对大中地主要严，对小地主则放宽一些，并防止侵犯工商业和富农的自耕田，斗争内容主要是追查地主解放后破坏分散的田地、房屋、耕牛、农具、粮食，令其赔偿。没收征收的方法，一是令地主依法自报，二是由农协依法审查、清算”。

第四个步骤是分配土地及胜利果实。在这个阶段，认真贯彻曲江县委、县政府强调的“满足贫雇农要求，适当照顾中农；为了发展生产；发扬民主走群众路线”原则。三条原则在具体工作中，在加强天下农民是一家、互让教育，克服平均主义思想的同时，主要采取发动群众自报公议与评委会审议相结合，尽量做到“填坑补缺、啥缺补啥，缺多多补、缺少少补、不缺不补”。

第五个步骤是巩固胜利、整顿队伍与布置生产。在分配完胜利果实后，各乡召开了农民大会，组织烧毁田契，还通过农代会、小组会开展“三查”（查队伍、查翻身、查敌人）。同时布置春耕生产、带领群众兴修水利。

二、城镇民主改革运动

在农村开展土地改革运动的同时，北江地区在主要城镇开展了民主改革运动。1951年6月27日，韶关市召开第四届第一次各界人民代表会议，讨论酝酿韶关市民主改革运动问题。8月中旬，北江地委召开地委、专属机关和韶关市区干部会议，传达中共中央华南分局关于民主改革的指示精神，研究有重点地进行民主改革。9月15日，韶关市民主改革委员会成立。随后派出民主改革工作队开展民主改革工作。按照北江地委的要求，民主改革运动遵循依靠工人阶级，团结改造技师、专家和职员，争取民族资本家和各阶层人民的大多数，打击少数的反革命分子和封建残余势力的原则，按照打击敌人，团结自己，反对封建，保护资本的政策进行。分为三个步骤：

第一步是民主斗争阶段。这个阶段的任务是发动群众，打倒敌人。工作队首先向群众宣传政策。通过串联和开展诉苦教育，发动工人和其他劳动群众，组织起来开展反封建残余的斗争。对罪大恶极的反革命分子和封建残余的首恶分子依法惩办。对其他一般的封建残余分子，通过群众批评教育，帮助他们悔过自新，重新做人。对逃入城镇和工矿企业中的地主恶霸，则押回农村处理。

第二步是民主团结阶段。工作队通过在工人和其他劳动人民内部进行民主团结的教育，将在民主斗争阶段暴露出来的一些矛盾，如职工关系、领导与群众关系、新老工人关系、技术工人与非技术工人关系以及工人当中的地域、帮派等问题，采取批评与自我批评的方式解决。

第三步是民主建设阶段。这个阶段，通过改革旧的不合理的制度和机构，建立新的制度和机构，改善企业的经营管理。

通过民主改革运动，彻底清除码头和工矿企业中的封建残余势力，纯洁了工人队伍；废除旧社会遗留下来的把头制、搜身制等各种压迫工人的管理制度，加强了工人阶级的团结和在企业中的领导地位，调动了工人群众当家做主、搞好生产的积极性；改革各行业不合理的旧规章制度，改善经营管理，建立了生产新秩序。

三、开展“三反”“五反”运动

“三反”是指反贪污、反浪费、反官僚主义；“五反”是反行贿、反偷税漏税、反盗骗国家财产、反偷工减料、反盗窃国家经济情报。1950年后，国民经济逐渐恢复和私营工商业经济力量增长，资本家中的不法分子力图用向国家工作人员行贿等非法手段获取高额利润，而在资产阶级的糖衣炮弹袭击下，少数国家工作人员受贿、贪污、浪费国家资产，滋长了官僚主义。针对这种情况，为保护私营工商业的合法经营和适度发展，决定在党政机关中开展“三反”运动，在私营工商者中开展“五反”运动。

1951年12月，中共中央决定在党政机关工作人员中开展“三反”运动。中共北江地委根据中央和华南分局的部署，首先在地委、专署机关和韶关市开展“三反”运动，至1952年10月结束。大体经历了民主检查、“打虎”和追赃定案、民主建设、复查处理四个阶段。第一阶段为以反官僚主义和铺张浪费为主的民主检查、坦白检举阶段。在此阶段，各级领导带头“下水洗澡”，作批评和自我批评，着重检查和批判领导干部自身的浪费和官僚主义现象。第二阶段为以反贪污为主的“打虎”和追赃定案阶段。第三阶段为民主建设阶段。这一阶段的任务是充分揭露和批判资产阶级思想；彻底交代一切社会关系；结合“三反”进行整党。主要包括思想建设、组织建设和机构改革三个方面的内容。第四阶段为复查处理阶段。根据北江地委《关于坚决做好复查处理工作，胜利结束“三反”运动的决定》，对在“三反”中已处理的或未处理的案件，都要进行一次普遍的复查。

韶关市（武江）的“五反”运动从1952年3月上旬开始，主要是宣传发动，号召工人阶级大胆检举不法资本家的“五毒”行为。正当准备正式展开之时，5月28日北江地委接到省委通知，要求立即停止“五反”运动，以集中精力搞好生产，促进城乡交流，活跃市场。韶关市（武江）的“五反”运动就此停了下来，没有全面展开。

在中共北江地委、韶关市委和曲江县委的领导下，武江区域的“三反”“五反”运动，清除了党和国家干部队伍中贪污腐化分子，打击了不法资本家的“五毒”行为，教育了广大干部群众，在工商业者中进行了一次爱国讲法教育，巩固了民族统一战线，加强了国营经济的领导地位。特别是对运动中出现的偏差，各级党组织在发现问题后及时予以了纠正。

第三节 贯彻党在过渡时期的总路线

1953年12月28日，中共中央批准中央宣传部印发的《为动员一切力量把我国建设成为一个伟大的社会主义国家而斗争——关于党在过渡时期总路线的学习和宣传提纲》。该提纲指出：从中华人民共和国成立，到社会主义改造基本完成，这是一个过渡时期。党在这个过渡时期的总路线和总任务，是要在一个相当长的时期内，逐步实现国家的社会主义工业化，并逐步实现国家对农业、对手工业和对资本主义工商业的社会主义改造。过渡时期总路线的实质，就是发展生产力，同时改造生产资料所有制，使社会主义全民所有制和集体所有制成为我国的经济基础。

一、贯彻学习宣传过渡时期的总路线

从1954年1月开始，粤北地区（武江）在城市和工矿区大张旗鼓地开展宣传贯彻党在过渡时期总路线的活动。宣传教育大体分为党员干部和群众两大类进行。

在党员干部的宣传教育上，中共粤北区委强调，宣传教育的首要任务是以总路线的理论武装全体党员干部。在教育活动中重点批判三种右倾思想：一是批判那些由于未能深刻了解党的总路线任务而产生的消极被动的保守观点；二是批判那些迁就少数农民只顾个人与暂时利益的片面群众观点；三是批判那些反映富裕农民、投机小贩与商人的观点的资产阶级思想。

在开展对群众的宣传教育方面，结合当时实际中心工作，组织群众学习讨论，采用生动活泼、群众喜闻乐见的形式，如组织宣传工作队伍，绘制宣传图画，书写墙报、标语、大字报和文艺演出等，广泛宣传党在过渡时期总路线。具体做法是，在城市工矿企业采用报告会和集中学习会等形式；在农村则运用土广播、幻灯、大字报、黑板报、宣传图画、唱纸马、唱花灯等多种形式，宣传过渡时期总路线。

为了深化干部群众对党在过渡时期总路线的理解，粤北区委密切联系实际，就地取材，分别对不同对象进行教育和解释，重点解决对社会主义工业化、社会主义三大改造的理解。如在农村采取回忆、对比、算账、诉苦等形式；在厂矿区采取报告会、讨论会等形式。

通过广泛深入的宣传教育活动，过渡时期总路线精神深入人心，广大党员干部、群众对其精神实质有了较为清楚的认识和把握，明确了党在过渡时期的奋斗目标，提高了思想觉悟，激发了生产积极性，为完成社会主义改造起到了巨大的思想推动作用。

二、有计划的经济建设

为了贯彻党在过渡时期的总路线，从1953年起，中国开始执行发展国民经济的第一个五年计划，全党和全国人民把注意力转移到实现社会主义工业化上来。在中共粤北区委的领导下，粤北地区主要围绕粮食统购统销、“三定”（定产、定购、定销）和大力发展工业等方面开展有计划的经济建设。

贯彻粮食统购统销和“三定”工作。1953年10月16日，中共中央作出《关于实行粮食的计划收购与计划供应的决议》，决定在全国范围内实行粮食统购统销，由国家控制粮食市场，对私营工商业实行严格管制，严禁私商自由经营粮食。1955年8月

25日，国务院发布《农村粮食统购统销暂行办法》，规定农村粮食实行定产、定购、定销（简称“三定”）。韶关市在1953年12月8日召开的第六届各界人民代表大会上，通过关于贯彻国家过渡时期总路线、总任务和当前粮食工作问题的决议。1953年12月15日，在韶关市实行粮食计划供应。随后派出工作队到有关乡镇开展贯彻统购统销、实行以征代购试点工作。曲江七区的重阳（今属武江区）是曲江县委的试点之一。按照粤北区委的部署，全区（武江）“三定”工作分两步走：第一步是大张旗鼓地进行宣传教育工作，并尽快收集掌握有关材料。第二步是调整分配好任务。要求认真调整分配任务，使之尽量公平合理。同时要求做好一乡之内任务到户的工作，步骤上应是由乡分配到联组或村，再由联组或村分配到户。

掀起社会主义生产高潮。早在1949年3月，毛泽东在中共七届二中全会上首先发出了把中国由落后的农业国变成先进的工业国的伟大号召。粤北区委针对本区工业基础薄弱，而境内资源丰富的实际，结合省第一次工业会议精神，明确提出进一步组织与领导工业企业的社会主义生产高潮，加快推动粤北（武江）社会主义工业化的发展。并且在开展社会主义生产高潮工作中，不断加强党对工矿企业的思想政治工作，激发广大职工的爱国热情与生产积极性。职工群众提出了不少合理化建议，改善和创造了不少新的技术操作方法，生产中涌现出一大批劳动模范与先进工作者，不少职工提高觉悟，参加了党团组织。

贯彻实施韶关市的第一个五年计划。中共韶关市委在粤北区委的领导下，结合本地实际编制了《韶关市发展国民经济第一个五年计划》，于1956年3月召开的韶关市一届人大三次会议上通过。韶关市第一个五年计划的方针任务是：在保证完成现有地方国营工业生产任务的前提下，积极地有计划地发展新的地方工业，为社会主义工业化和农业生产以及人民生活的需要服务，逐步地变消费城市为社会主义的生产城市；加强对资本主义工商业的社会主义改造，把资本主义工商业纳入高级形式的国家资本主义轨道；扩大商品流转，使社会主义经济成分不断增长；并积极地开展对农业和手工业的社会主义改造，大力发展农业生产，以支援国家工业化和满足人民生活的需要；适当地发展交通运输业和文化教育事业；同时在发展生产基础上，适当地提高劳动人民的物质生活和文化生活。

粤北各地（武江）执行第一个五年计划以农业为主，执行措施主要有六个方面：一是开展以互助合作为中心的建立农业生产合作社运动，变农民土地私有制为集体所有制。二是兴修水利。在武江区域的沿江一带，以防洪为主，重点兴修山塘、水库，发展机械排灌，培训水利干部，提高技术水平。三是解决好肥料问题。养猪、耕牛，增加家栏肥；推广种植绿肥，采集野生绿肥；人工堆肥；广泛使用塘泥、河泥、火烧泥；稻秆回田；扩大油料作物种植面积，增加饼肥。四是改进耕作技术，推广良种。五是加强对林、农、牧业的领导。建立以国营林业为主的林、农、牧业相结合的合作社；划分林区；建立三级护林防火机构；建立苗圃，培育树种；封山育林，消灭荒山；合理采伐，防止滥伐。六是采取有效措施，促进畜牧业的发展。

第一个五年计划的实施，有效地促进了武江经济社会的全面发展。主要成就体现在三个方面：一是加大投入，促进工业迅速发展；二是开展农业合作化运动，促进农业生产较快发展；三是实行对农业、手工业和资本主义工商业的社会主义改造，促进经济结构发生了显著的变化。

三、基本完成社会主义改造

按照过渡时期总路线的要求，韶关（武江）地区从1953年起，全面开展了对农业、手工业和资本主义工商业的社会主义改造。社会主义改造的主要任务是：把以剥削剩余价值为基础的资本主义私有制改造成为全民所有制，把以农民和手工业者个人劳动为基础的私人所有制改造成为劳动群众集体所有制。

（一）对农业的社会主义改造

在粤北区委的领导下，从1952年起，北江（武江）地区的农民开始走上互助合作的道路。按照粤北区委的部署，组织农民广泛开展生产互助合作运动，动员一切力量，争取农业大丰收。从1953年冬天起，粤北区开始试办一批农业合作社（初级社）。这批初级社建立后，当年夏季均获得增产增收。经过试办，农民看到初级社的组织形式能因地制宜统一经营，农副业同时发展，增产幅度较大，比互助组优越。于是农民普遍申请入社，许多互助组则要求转办初级社。在大办初级社的同时，1955年12月13日，粤北区委决定试办高级农业合作社。高级社特点是实行生产资料归公和按劳分配。1956年春，在全国农业合作化高潮的推动下，全区农业合作化的步伐加快，至1956年底全区基本实现了农业合作化。农业合作化有力推动了农业生产较大的发展。

（二）对手工业的社会主义改造

中华人民共和国成立初期，武江区域的手工业主要有铁木农具、木制家具、砖瓦石灰、竹藤编织、土纸、板材、陶瓷、印染、火柴、缝纫、针织、皮革、小五金以及各种修补业等。这些手工业在人民群众的日常生产生活中起着重要作用。但这些个体手工业同小农经济一样，经营分散，资金短缺，生产水平很低。

为了摆脱贫穷落后面貌，适应社会主义建设和人民生活水平日益增长的需要，从1951年开始，粤北区委着手领导对手工业进行社会主义改造。按照粤北区委的部署，主要从解决生产和供销问题入手，按照自愿的原则，采取典型示范和国家援助的办法，通过供应原材料和收购产品，逐步把手工业者组织起来，建立各种形式的合作社，从小到大，从低级到高级，把手工业者个体经济改造成为社会主义集体经济。1953年，通过贯彻执行党在过渡时期的总路线，加快了对手工业的社会主义改造步伐。1954年冬，粤北区委根据全国第三次手工业生产合作会议精神，采取“积极领导，稳步发展，统筹兼顾，全面安排”的方针，进一步加强对手工业社会主义改造的领导。11月，粤北行署成立手工业管理局，改造重点转向兴办初级手工业合作社。1956年初，在农业合作化的带动下，韶关全面动员组织手工业者向高级手工业合作社过渡。至1956年底，基本完成对手工业的社会主义改造，实现从个体手工业向集体所有制的转变，促进了手工业生产的发展。

（三）对资本主义工商业的社会主义改造

在中华人民共和国成立初期，虽然私营工商业对促进武江区域经济的恢复发展，活跃城乡市场起了重要的作用，但是在当时历史条件下的资本主义工商业也存在和面临许多问题：一是基础薄弱，生产水平低下，绝大多数是轻工业，且多是附属于商业的微小加工工业，设备陈旧，技术落后，资金短缺；二是不适应人民群众的需要，许多消费性行业由于不适应时代进步和人民群众的需要失去了市场而处于停店歇业状态；三是私营工商业占国民经济的比重很大，加上当时帝国主义封锁和匪特破坏，以及一些不法商人利用经济管理制度不健全扰乱市场，严重阻碍了国家经济恢复和建设。

对资本主义工商业的社会主义改造势在必行。从1953年开始，在粤北区委的领导下，遵照党和国家对资本主义工商业的方针、政策，采取一系列措施，有步骤地开展对资本主义工商业的社会主义改造。一是通过对私营工业委托加工订货，统购包销，对私营商业委托经销、代销和批销，把资本主义商业纳入社会主义改造轨道，建立初级形式的国家资本主义。二是通过初级社形式的社会主义改造，引导和鼓励资本主义工商业向国家资本主义的高级形式过渡，从个别、少数公私合营，逐步发展成为全行业公私合营（把一般私商小贩和工场小手工业纳入合作化轨道，建立合作商店、小组和生产合作社，转为社会主义集体所有制）。在公私合营的基础上，最后通过对民族资产阶级（资本家）的生产资料实行赎买政策，逐步把资本主义所有制转变为社会主义全民所有制。1956年上半年，资本主义工商业的社会主义改造基本完成。

第四节 武江区域社会主义建设的探索与发展

1956年，韶关地区提前基本完成对农业、手工业和资本主义工商业的社会主义改造，初步建立起社会主义基本制度，提前完成第一个五年计划规定的主要指标，农林水利、交通邮电与文教卫生各业有了较大发展。

一、贯彻党的八大精神开展社会主义建设

1956年9月，中国共产党第八次全国代表大会召开。大会正确分析当时有利于中国发展的国际国内政治形势，既肯定了中国开展大规模全面社会主义建设的难得机遇，也看到国际形势中隐藏的不稳定因素和面临的重大挑战。大会的重大成就之一，是总结了党的七大以来革命和建设的经验，提出对国内主要矛盾和主要任务的新认识，要求全党的工作重心适时转移到集中力量发展生产力方面来。

党的八大召开后，中共韶关地委根据省委关于宣传学习党的八大精神的指示，要求全区各县委、宣传部门和各级主要领导干部，从10月1日起，用20天左右的时间，广泛地在工人、农民、知识分子、妇女中进行党的八大精神的宣讲，使每一个成年人都能听到一次报告。与此同时，以10月中旬为界，分两个阶段组织全区党员和干部立即掀起宣传、落实党的八大精神的学习高潮。要求深入学习党的八大文件，结合各县（市）党代会提出的问

题，切实检查领导的思想和工作。联系思想上主观主义、工作上的官僚主义和组织上的宗派主义等问题，开展批评和自我批评。达到加强党的领导，改善党的工作，带动全区干部群众学习、宣传党的八大精神，调动一切积极因素，为加速社会主义建设而奋斗的目的。在深入宣传、学习的基础上，1957年3月，中共韶关地委组织各级机关万名以上干部奔赴春耕生产第一线，支援农业生产。

武江人民在党的八大精神指引下，按照中共韶关市委第一个五年计划的部署，把精力汇聚到社会主义建设的伟大历史洪流中，经济建设和社会发展取得了显著成就。在农村工作和农业经济生产方面，组织起了农业合作社，入社农户达97%以上，极大调动了农民的生产积极性，农业生产获得连年增产增收。在工业建设方面，在“三大改造”高潮的推动下，地方工业有了较大发展，国营工业在工业经济中占了主导地位，重工业的比重大幅提升。在商业发展方面，贯彻执行“统筹兼顾，全面安排”的方针，开放了国家领导下的自由市场，部分商品调整了价格，工农业产品的“剪刀差”逐步缩小，社会购买力逐年上升。在教育事业发展方面，中小学教育有了很大发展，幼儿教育得到迅速普及，扫盲运动基本扫除了文盲。在文化事业发展方面，办起基层文化站、俱乐部、小型图书馆、农村电影队和农村业余剧团，推动了群众性文化活动的开展。在卫生事业发展方面，建立了一批农村卫生所和乡社卫生站，开展爱国卫生运动，在防治天花、鼠疫、霍乱、伤寒、痢疾、麻疹、疟疾等重大传染病和其他疾病方面取得极大进展。

二、国民经济的全面调整与发展

（一）“大跃进”与人民公社化运动

1957年11月，毛泽东率代表团访问苏联，在出席12个社会主义国家共产党、工人党代表会议及64个共产党和工人党代表会议期间提出：中国要在十五年左右，在钢铁等主要工业品的产量方面，赶上和超过英国。由此，1958年5月召开的党的中共八大二次会议通过“鼓足干劲，力争上游，多快好省地建设社会主义”的总路线及其基本点，中国的“大跃进”运动开始了。1958年4月8日，中共中央政治局批准《中共中央关于把小型的农业合作社适当地合并为大社的意见》，全国各地在较短时间内迅速掀起并社高潮，形成了人民公社化运动。

“大跃进”与人民公社化运动，是中华人民共和国历史上党在社会主义建设道路上对农村基层组织和管理体制的探索。但由于“大跃进”和人民公社化运动中存在的“左”的错误，加上苏联政府背信弃义及连年的自然灾害，1959年至1961年全国各地发生严重的经济困难。中共中央从1960年下半年起，逐步把注意力转移到国民经济调整方面来。1961年1月召开的党的八届九中全会，通过调整国民经济的“调整、巩固、充实、提高”八字方针，并决定在农村深入贯彻《关于农村人民公社当前政策问题的紧急指示信》进行整风整社。

（二）国民经济的全面调整

1962年1月11日至2月7日，中共中央召开扩大的中央工作会议（通常称七千人大会），会议进一步总结1958年“大跃进”以来的经验教训，动员全党更坚决地执行调整国民经济“八字方针”。1962年2月，刘少奇主持召开政治局常委扩大会议（简称西楼会议），将今后十年规划为恢复和发展国民经济的两个时期，以农业为基础，全面调整国民经济。

全面恢复和发展农业生产。1962年4月12日，中共韶关地委、专署贯彻执行中央“七千人大会”和省委常委扩大会议精神，发出加强计划工作的指示，要求各级党委与政府把注意力转移到农业生产和轻工业发展方面，合理调整农、轻、重比例，抓好综合平衡。韶关地区（武江）继续推行三级所有、队为基础，以生产队为核算单位的规定，进一步贯彻中央、省委、地委、市委的要求，农业生产以粮为纲，油、林、牧、副、渔并举。加大土壤改造力度，扩大经济作物种植面积，发展林业生产和山区经济，农业生产全面恢复和发展。首先，扎实打好农业发展的基础。全面恢复和发展农业的根本出路，是要运用现代科学技术与现代工业提供的生产手段和科学管理方式，把落后的农业改造为高产稳产、结构合理、资源保护、生态平衡的现代农业。在三年调整时期，主要围绕“土”“水”“电”抓好三件事：一是开展土壤改造。针对低产田比例大的情况，在农村开展“以肥养田，以田养田，合理用地，用养结合”为内容的土壤改造运动。结合推广使用有机肥料和合理使用化肥，调整不合理的农作物布局，增加蚕桑、油菜、紫云英、豌豆等绿肥的种植面积。用多种手段，全方位地对农业生产基础进行合理科学、规范的改造。二是大力开展农田基本建设。着重加强农田水利建设，兴建了一批中小型水库和蓄水工程，使农田的抗旱能力得到加强。三是发展小水电站建设。利用丰富的河流水资源，大力发展小水电站建设，既获得了经济效益，也提高了电灌抗旱能力。其次，大力恢复和发展农业。韶关地委根据省委海南会议精神，决定从1963年开始，围绕到1965年全面恢复和发展本地区农业生产目标，在加强农田水利建设的同时，鼓励与调动农民生产粮食的积极性；清理几年来工矿、交通、基建、机关、学校、社员私人占有的土地，尽可能扩大耕种的面积；发展农家肥、土杂肥和大量种植绿肥作物，开展群众性的积肥运动；推广良种，合理密植；加大对商品粮基地人力、物力、财力的支援 ，抓好商品粮基地建设；保证主要经济作物的种植面积，提高单位面积的产量；发展林业和山区经济。再次，确定山林所有权发展林业。1962年10月，韶关地委《关于恢复和发展山区经济问题的报告》规定：加强对山区和国营林场的领导，迅速地确定山林所有权，下放给生产队，划界发证。抓好封山育林工作，掀起群众性的造林、护林运动。1964年至1965年，地委先后召开全区种植杉树、竹子的重点工作会议、铁路沿线造林绿化会议和国营林场工作会议。把发展林业生产摆在仅次于大办粮食的重要位置，不断发动群众开展封山育林运动，促进山区经济发展。造林绿化运动取得了中华人民共和国成立以来最好的成绩。最后，调整政策发展畜牧业。1962年后，在积极贯彻中央提出的“公养、私养并举，以私养为主”方针的同时，开放农贸市场，鼓励农民发展畜牧业生产。生猪派购政策调整为“见猪派购，购六留四”，收购部分每50公斤生猪奖励稻谷20公斤；自留部分如卖给国家可获加价15%。极大地促进了畜牧业的生产发展。

工业的全面恢复和调整。经过1961年、1962年的初步调整，韶关的工业形势明显好转。1963年1月，地委工交工作会议传达中央和省委指示，对全区工业进行新一轮调整。继续执行“八字方针”和以农业为基础、以工业为主导的总方针，要求各工业部门不断增加品种，提高质量；填平补齐，成龙配套；设备更新，搞好专业化协作。地委发出《关于大力做好生产责任制，坚持巩固工业的指示》，要求工业企业建立健全各项规章制度，全面实行生产责任制。关、并了一批不合理企业。继续开展增产节约和“比、学、赶、帮、超”的劳动竞赛。发展适销对路的工业产品，提高生产质量，为农业生产服务，尽可能满足人民群众生活食、穿、用的需求。1963年至1965年的调整，继续减少重工业，压缩基建规模，集中力量加强农业生产。至1965年底，经过调整和整顿，地方工业布局渐趋合理。

商品流通制度的全面调整。按照韶关专署1963年3月2日《关于迅速开展处理历史财政遗留问题的指示》，商业工作在统筹兼顾、全面安排的原则下，主动改善工商、农商关系，抓生产、促流通、促消费。对农副产品分别实行“统购、派购、议购、换购”政策，有效建立商业系统管理制度，对商品流通环节进行必要调整，重新调整合作商店规模，取缔非法经营摊商。对农贸市场的手工业和小商小贩的农副产品经营、采购及市场管理进行规范。经过对商品流通制度的全面调整，商品供应充足，购销市场活跃，人民群众的生活必需品得到进一步保障，市场呈现一派繁荣景象。

3年的调整，使工业生产得到较好发展，市场供应消费品有较大增长。城镇居民就业人数增加，收入有所提高，物价水平下降，居民生活明显改善。1965年，全民所有制单位职工工资收入（全年，下同）576元，生活消费价格下降5.9%。居民人均消费粮食167公斤，食用植物油2.9公斤，鲜菜127公斤，肉类17.6公斤，鱼类4.4公斤。农村人民公社收入3年增长25%以上。社员人均收入63.34元，人均口粮482.8公斤。

第五节　中华人民共和国成立以来社会各项事业重要发展

武江区域在中华人民共和国刚成立时，同整个粤北地区一样，贫穷落后、百业凋敝、百业待兴。在城镇，工厂停工，工人失业，物资匮乏，资本短缺，市场萎缩；在农村，匪盗横行，旱涝成灾，欠种歉收，粮荒肆虐。社会各项事业举步维艰。教育资源缺失，医疗卫生落后，广大人民群众缺乏最基本的社会保障。此后，在党的领导下，武江区域各级党委、政府始终把人民的利益摆在首位，在致力发展经济，不断改善人民生活的同时，千方百计推进社会各项事业发展，以满足人民群众日益增长的物质文化需求，取得了经济和社会各项事业的同步发展。

一、教育事业的发展

武江区域刚获得解放时，中小学校寥寥无几，在校老师和学生的数量屈指可数，教育事业极端落后。而且，旧社会遗留下来的文化教育，内容、学制和制度都与新的社会制度要求不相适应。在中国共产党的领导下，政府对旧的教育制度进行了根本性的改造，教育事业发生了根本性的变化。政府加大了对教育的投入，区域内的学校数量增加，师资力量明显加强。“面向工农”的办学方针要求各中小学校优先录取工农子弟，保证工农子弟有更多的入学机会；规定在中学设置人民助学金，照顾工农子弟；公立小学设置免费生名额，学生成分发生了很大的变化。幼儿教育也随着中小学教育的发展迅速办了起来，从1956年开始，贯彻公办和群众办学并举的办园方针，鼓励社会力量兴办幼儿园，促进了学前教育的发展。中华人民共和国成立后，在抓紧中小学教育的恢复与重建工作的同时，按照教育部的指示，大量组织业余教育，开展群众性扫盲运动。组织以中小学老师为骨干的扫盲队伍，深入城乡广泛开展扫盲运动。在农村开设农民夜校，在街镇开设工人夜校，组织广大工农群众读书识字。经过1949年冬至1957年八年时间的扫盲运动，基本扫除了文盲。在高等教育方面，1958年9月，华南工学院在西河黄田坝创办华南工学院韶关分院（1960年改名广东矿冶学院，1962年停办）；1952年，循理护士学校、省第三医士学校、省第六卫生学校合并为“广东省韶关卫生学校”；1958年9月，在韶关卫生学校基础上创办韶关医学专科学校，校址在西河英光街1号。尽管在“文化大革命”期间，教育事业受到极大的冲击和破坏，但粉碎“四人帮”后，各级党委、政府加强对教育工作的领导，把教育工作摆上党委的重要议事日程，采取一系列措施，促进了教育事业的发展。特别是全国、全省教育工作会议以后，各级党委、政府贯彻会议精神，联系实际，发动群众，拨乱反正，解放思想，促使教育回归到以教育质量为中心的正轨，推动教育事业实现新的发展。

二、文化、体育事业的发展

中华人民共和国成立后，文化事业蓬勃发展。解放军把北方的秧歌舞、腰鼓舞传播到当地，土改工作队教群众演唱解放区流行的歌曲及小剧目，同时，党委和政府又积极争取和鼓励广大知识分子及文艺工作者投身到发展新民主主义文化事业中去，各级文工团和文艺宣传队相继成立，群众性的文化艺术活动迅速发展起来。结合当时的土改运动、镇压反革命、抗美援朝等中心任务，开展多种多样的文化艺术活动，创办了农村图书室，建立了农村俱乐部和农村业余剧团。1951年，粤北地区办起粤北流动电影队，在城乡巡回放映；基层电影队也很快发展起来，使偏远山区群众也看到了电影。市、县成立体育运动委员会，基层体育运动协会和群众性的体育运动广泛开展起来。各级党委、政府对群众性文化工作的地位和作用的认识不断提高，把开展群众文化体育工作纳入经济社会发展的总体规划中，贯彻“双百”（百花齐放，百家争鸣）方针，激发了文艺战线的文艺创作和演出的热情，也促进了群众性文化体育活动的蓬勃开展。

三、卫生及防疫事业的发展

中华人民共和国成立后，各级党委、政府积极发展医疗卫生事业。1951年冬至1952年春，曲江县委、县政府在龙归、重阳（当时龙归、重阳两地均属曲江县，今属武江区管辖）建立区卫生所，配备医护人员。高度重视重大疫病的防治工作。血吸虫病曾经是粤北地区北江流域的重大地方性流行疾病，曾严重威胁人民群众健康。1956年3月，中共韶关地委批转《血吸虫病防治规划》，设立专门的领导机构，在疫区建立血吸虫病防治站，卫生、水利、农业部门密切配合，贯彻预防为主，防治结合的方针，采取“水、垦、种、灭、治、管”的六字综合措施，开展血吸虫病防治工作。疫区人民坚持防病与治病、查螺与灭螺、专业队伍与群众运动相结合，在防治和医疗方面取得了一定成绩。同时在妇幼保健和社会卫生方面，广泛开展了爱国卫生运动，培训了大批农村的保健员和接生员，直接维护了生产的发展和广大人民群众的健康，疾病死亡率大大地降低。

四、“大跃进”时期的农村水利建设

1958年人民公社成立后，农业实行“八字宪法”，开展了声势浩大的群众性水利建设运动，取得重大成绩，在农业发展中发挥了重要作用。

1956年建造村头、石栏冲水库。1957—1960年，兴建长塘、沙山、佛塘、甘棠、井坑水库。

长塘水库：建于1958年，水库集雨面积5.2平方千米，总库容190万立方米，大坝为均质土坝，主坝坝顶宽5米，最大坝高14.6米，坝长230米，副坝坝顶宽3米，最大坝高6米，坝长200米，承担了西联阳山、车头、赤水等村134公顷农田的灌溉任务。

沙山水库：建于1958年，位于韶关市西河镇马屋村委南3千米左右，镇管小（一）型水库。水库集雨面积5.6平方千米，正常水位77.5米，相应库容178万立方米；校核洪水位79.708米，相应库容305万立方米；坝高14.6米，总库容230万立方米。设计灌溉面积3.77平方千米，保护下游人口3000人，灌区主要范围包括糖寮、黄塱、什石园、下坑、田心、马屋等6个村委和山蕉农场、沙山林场。

井坑水库：建于1957年，为农田灌溉及防洪水利工程，灌溉面积为2平方千米，保护下游人口5000人。水库集雨面积为3.3平方千米，坝顶高程110.4米，水库正常库容为159.5万立方米，总库容为183万立方米，相应校核洪水位108.65米。

3

第三章

薪火相传，改革发展写新篇

1978年12月，党的十一届三中全会胜利召开，标志着中国进入改革开放和社会主义现代化建设新的历史时期。武江人民在韶关市郊委和武江区委（市派出机构）的领导下，认真学习贯彻党的十一届三中全会精神，提高思想认识，把思想和行动统一到坚持改革开放、坚持四项基本原则上来，统一到以经济建设为中心上来。武江的改革率先从农业农村开始，并以实行农村家庭联产承包责任制为先导。至1982年9月，武江境内（不含龙归、江湾、重阳三个镇）的环市、芙蓉公社和北郊公社下坑、田心等6个生产大队2个场，全面实行家庭联产承包责任制。在坚持土地集体所有的前提下，由生产队按人口或劳动力，将耕地平均划分到户经营，双方签订合同，实行“国家计划指导，农户自主经营”“收益按规定留够集体的，产品交足国家的，余下都是自己的”方式承包经营。土地承包“一定十五年”，极大地调动了农民的生产积极性，农民收入大幅度增长。1983年，中共中央一号文件继续放宽政策，大胆改革农村经济体制，积极开展多种经营，鼓励农民发展家庭副业。武江境内农村人均收入442元。

1984年9月，韶关市县级市辖区武江区成立。中共武江区委、区政府根据老区人民迫切改变落后面貌的强烈愿望，解放思想，实事求是，扎实开启改革发展之路。

第一节 以联产承包责任制为基础，推进农业农村改革发展

一、进一步落实联产承包责任制

（一）发展“菜篮子工程”和“专业户”

1984年起，新组建的武江区委、区政府紧紧抓住“依托城市，发展农业，富裕农村”的“菜篮子工程”建设，将其作为带动农村经济发展的重要抓手，全力推动农村一、三产业发展。一是成立专门机构，设立专业负责人（副乡长或副社长）承担建设责任。二是确保工程基地面积，确保工程效益。“近郊不足远郊补，菜、鱼、猪、禽都要增。”1984年至1985年的两年间，全区蔬菜面积扩大1000多亩（约67公顷），高产鱼塘增加350亩（约23公顷），有力地调动了广大农民特别是种养专业户扩大承包的生产积极性。三是真帮实扶，全方位做好服务工作。新区建立初期，人、财、物捉襟见肘，明显不足。区委、区政府充分调动各方积极性，发掘潜力，前后贷款70多万元，支持“菜篮子工程”建设，从根本上扶持专业大户发展。区农委出人员，包运输，送到家，为菜区农民提供了种子、肥料、农药的全程服务。河西乡主动联系生产厂家，统一采购160吨质优价廉的化肥，全部分配给菜农。沐溪乡在区农委的支持下，连续举办两期塘鱼养殖技术培训班，加快提高全乡渔业养殖水平，明显提高了产量和效益。

据统计，1984—1986年，全区每年平均为城市提供蔬菜1.13万吨，占市区供应总量的60%；提供塘鱼650吨、猪肉428吨，仅此两项即占韶关市区供应量的近一半。

区农委又在全区种养大户中挑选出刘焕棠、侯庆年、杨雪章等一批具有经济意识、具有一定发展能力和行动魄力的农民，协助解决他们筹集资金、建立基地、优化种苗等问题，鼓励支持他们向农业专业化方向发展，形成优势和规模，扩大影响力，带动和促进全面发展。专业户刘焕棠大胆承包塘湾良种场30亩（2公顷）低产山塘，投资6000元，用工日3000多个，开挖排水渠900多米，修建山路1800米，新建鱼苗塘5亩（其中5分为越冬池），分流引山泉排锈水，清除荆棘，精心整治。承包当年塘鱼总产即达4500公斤，比公社化时期的1982年增产3350公斤，增收3700元。有了这个好的开始，刘焕棠甩开膀子大干，在山边建猪栏，在塘基种果树、种象草。瓜菜养猪，猪粪养鱼，水好种果菜，很快形成新的良性循环经济生产方式。1986年中秋节捕获鱼3750公斤，收入9600元；生猪收入1.32万元。黄塱乡的侯庆年、杨雪章在区农委的扶持帮助下发展异地养殖，分别到黄田坝乡等环境条件较好的地方承包水面鱼塘养鱼，增产增收。区农委又及时总结种养专业户的典型经验，先后组织13个乡2个场的干部群众到各专业户的种养场地观摩学习，广泛推广刘焕棠等专业户的发展经验。到1986年底，全区农村专业户发展到36户104人，总收入107.07万元，其中出售产品收入37.28万元，纯收入40.71万元。

（二）联产承包发展第三产业

由于韶关市中心城区发展规划西移，武江区域内的新城市建设用地不断扩大，仅1984—1985年，被国家征用土地中菜地、鱼塘就有近300亩（20公顷），基本农田不断缩小。为保障城市生活副食品的供应，必须提高农产品的质量和产量。近郊的马停脚、黄田坝和河西3个乡将10口共350多亩（约23公顷）的山塘（水库）改造为高产鱼塘，提供给养鱼专业大户承包，承包期一经确定15年至20年不变。此举鼓励了专业户放开手脚承包，放长眼光经营，保证了经济效益，乡集体经济也增加了收入。与此同时，区委、区政府依托农村经济特色，依托城市郊区，大力支持近郊乡村兴办各种旅店、小食店、小商店、小工厂等第三产业企业230多家，采取包投资、包利润、包管理费的灵活承包形式发包给群众。仅1985年，近郊3个乡所办的“小店”就接待顾客1.13万人次，经营收入900多万元。1986年11月，武江区农村从原来3个办事处改为“一乡一镇”（即河西乡、西联镇），13个乡2个场改为21个管理区。革命时期做过贡献的老区向阳、红星2个管理区已经处在城市中了，他们充分发挥城乡结合部的优势，大力兴办饮食、服务、商业、印刷、工程建筑、汽车修理、加油站等工商业。以集体承包经营为主，个人或家庭承包为辅，统一由管理区的农工商公司管理、监督，在保证国家税收和集体收入的前提下，促进集体经济发展，农民生活水平得到显著提高。向阳管理区1989年集体收入42万元，1990年即增加到45万元。有了集体经济收入，管理区办事处先后建立起农民退休金制度，做到农民“老有所养”；办好医疗统筹，农民每人每月交1元钱基金，看病时只交挂号费，免收药费，重大疾病住院报销70%，做到“病有所医”；投资60万元，改建向阳小学和幼儿园，做到“幼有所教”。农户承包菜地，每亩只交承包费60元；承包鱼塘，每亩只交承包费140元，各项税收、水电费均由管理区办事处承担。实行联产承包大力发展第三产业后，农民收入逐年增长。1989年全管理区劳动力平均收入5610元，人均收入2139元；1990年劳动力平均收入提高到5870元，人均收入2362元。

（三）实行集体土地双层经营体制

完善和发展集体土地双层经营体制，是农村在实行联产承包责任制后农村经济改革的进一步深化，是促进适度规模经营，实现农业现代化的有效途径。针对远郊17个管理区部分集体经济实体管理不善，尤其是对稻田和山地投入减少，影响粮食生产以及集体和农户经济收入的情况，1991年，区委、区政府作出《关于完善农村集体土地经营管理体制的决定》。该决定指出，为进一步完善以家庭联产承包为基础的农村双层经营体制，加强农村集体土地的经营管理工作，保持农村经济稳定、协调发展，必须明确农村集体土地所有权，即农村集体所有的土地（包括自留地、自留山和宅基地），除已明确不属于经济合作社（原生产队）所有的以外，统一行使集体所有权。必须完善农村集体土地经营管理制度，全面实行土地有偿承包。建立健全管理机制，加强农村集体土地承包合同管理工作。按照该决定要求，是年，全区各管理区党支部和办事处，认真落实土地所有权和土地有偿承包工作，多渠道增加对农业投入，全年全区投入资金300万元（其中远郊占80%），投入劳动积累工15万个工日（其中远郊占85%），完成186千米水利灌渠的清淤、硬化工作，改善和恢复灌溉面积约127公顷，改造低产田约93公顷，完成约33公顷鱼塘和7个蔬菜基地工程标准化整治，加强化肥、种子、农药等生产资料社会化服务和机耕配套服务工作，全年水稻生产获得丰收，蔬菜、塘鱼、生猪、家禽等全面增产。1991年全区水稻播种面积900.2公顷（调减了45公顷），单产达396.5公斤，总产5577.5吨，分别比1990年增产8.9%和3.8%；蔬菜上市量28231吨，比1990年增长13.8%；生猪和家禽饲养量分别达4.59万头和49万只，分别比1990年增长1.9%和6.5%；塘鱼起水量1650吨，比1990年增长10%。

（四）多种经营推动农村经济发展

武江区域内有丰富的植物、矿产、水、土地等自然资源。武江区委、区政府积极引导农村管理区集体和以家庭为主的各类专业户充分利用自然资源，大搞开发性生产，开展多种经营，加快老区建设和发展。

重视发展管理区集体经济。农村经济体制改革后，武江区委、区政府仍然保持清醒的政治意识，在始终坚持推行联产承包责任制促进市场经济发展的同时，更加有力地促进农村集体经济发展，保障农村基层组织的活力和领导作用。区委、区人大、区政府会同乡镇人员组成调查工作组，深入向阳、芙蓉、村头、岗背等管理区开展调查研究，结合实际对发展集体经济提出切实可行的办法。如河西乡村头管理区和西联镇芙蓉管理区有着比较丰富的矿藏资源，区委、区政府和乡镇党委、政府及时调整两个管理区办事处的干部，让年富力强、文化水平较高，又有一定经济头脑的中、青年党员骨干担任管理区办事处的重要工作，放手让他们科学地、有计划地组织开采矿藏，加大对沿江地带的林业竹木综合开发利用。村民富裕了，管理区的集体经济收入和工作也有了保障。尤其是村头管理区在区职能部门支持下先后兴办煤场10个，水运码头1个，开办粮油加工厂2间，经营鱼塘1口，集体经济收入达到5.7万元。

充分发挥专业户的作用。建区后，区委、区政府十分重视帮促专业户的发展，并充分利用专业户的发展和带动优势，引导支持他们发展多种经营生产，扩大效应。据1987年5月底的调查统计，全区共有各种专业户740户，占总农户的16.1%，其中年均收入达万元（当时称“万元户”）的专业户47户。经营的范围已经从传统的养猪、养鱼、养家禽、种蔬菜等种养类扩大到流通运输、建筑修缮、饮食服务、采矿和机械维修加工等行业。1986年，大埔县农民黄开明，以每年1.1万元租金承包西联车头村集体所有的700亩（约47公顷）荒坝地，种植500亩（约33公顷）甘蔗，产蔗2507吨；兼种花生60亩（4公顷），收获花生5000公斤；还采伐荒坝水竹，总收入达19.12万元，扣除生产投资和还清当年贷款共15万元，纯收入4.25万元。河西乡塘湾村种养专业户刘焕棠承包该村30亩（2公顷）山塘、15亩（1公顷）坡地，主营养鱼，兼营养猪、养鸡、种菜、种果，并开发酿酒和制作腐竹、豆芽等农产品加工经营项目，年纯收入达到3万元，还带动了全村群众的生产热情，1989年刘焕棠被授予全国劳动模范称号，是年9月28日，赴北京出席全国劳动模范表彰大会。之后，刘焕棠被全体村民推选为塘湾村委会主任，并任塘湾村党支部书记。

二、探索建立农村股份合作制

在完善农村经营承包责任制基础上，武江区委、区政府采取“公司+基地+农户”等特色化、专业化发展方式，鼓励、引导农民积极探索发展经济新路子。其中，农村股份合作制便是探索农村经济发展，促进集体资产保值增值，促进农民增收的新途径。并在此基础上农村土地股份合作制。

（一）农村合作经济股份制的试点

武江区地处韶关市中心，随着城市化进程的不断加快和城乡一体化建设的快速推进，区辖内部分农村耕地被陆续征用，城市近郊农村经济结构和集体资产表现形态发生重大转变，村民委员会逐步向社区居民委员会转变，农民向市民转型，这些形势的变化对农村经济发展提出了新要求。1994年6月，武江区选定西河镇红星、向阳2个管理区办事处作为推行农村合作经济股份制的试点，分别成立以管理区为经济单位的股份有限公司，探索农村集体经济企业化、现代化的新发展途径。

红星管理区位于武江区西河镇的中部，北江河西侧。改革开放后，因城市建设需要，红星管理区90%以上的耕地陆续被征用，部分农民“农转非”后成为城市居民。从1984年开始，红星管理区充分发挥近郊优势，大力发展集体经济，先后兴办铸造厂、皮革厂、面粉厂、新华加油站等16家村办企业。1991年，红星管理区组建“红星经济联合社”。1994年6月10日，红星经济联合社改组成为“红星股份（有限）公司”。1996年，在红星股份（有限）公司的基础上组建红星实业集团有限公司，使其成为韶关市农村第一家股份制集团公司。

向阳管理区地处武江河畔，为西郊市区的城中村，下辖4个自然村，主要经济收入是物业出租。1994年，向阳管理区试行股份制，1997年原经济联合社改组为股份有限公司，成立向阳实业发展有限公司。

红星、向阳管理区组建的农村股份合作制组织，均制定了各自的实业发展有限公司章程，依照相关规定在工商行政部门办理公司登记注册手续。章程明确股东代表大会、董事会、监事会等组织机构的职权，建立起以董事长为法人代表的法人治理结构，明确成员身份界定方法，确定收益分配办法；坚持“民主选举、民主管理、民主决策、民主监督”原则，成立成员大会、成员代表大会、社委会、民主理财监督小组等经营管理机构。确定成员大会为最高权力机构；规定涉及成员切身利益的重大事项，必须提交成员大会讨论决定；公司设置集体股和村民股，村民股由自然人股和劳动力股两部分组成，实行股份分红；股份合作经济组织的最高决策机构为股东（代表）大会；股东大会选举产生的董事会为常设管理机构，下设日常经济机构。公司规定，将管理区办事处每年集体收入的30%作为村民当年股份分红，30%用于村民集体福利支出（农民退休金、合作医疗、奖学金、社会保险等），40%用作集体经济发展资金。

红星、向阳管理区实施股份制改革后，集体经济不断巩固壮大，在册村民人人参与年度股份分红，老年农民享有退休金；建立、完善了农村合作医疗制度，改善了学校设施，小孩入托享有学费补贴，学生考上大学可获奖学金，全体村民享有人寿保险、财产保险和安康（妇女）保险，逐步实现了“老有所养，幼有所教，病有所医”。辖下各村的村容村貌大为改观，村内环境卫生明显改善。

（二）农村股份合作制的推行与规范

红星、向阳管理区的股份制改革，进一步明晰了农业经济中的产权关系，提高了生产经营管理水平，拓宽了农村经济发展资金筹措渠道，促进了产业结构的调整，巩固和发展了集体经济，增强了农村基层组织的凝聚力和号召力，为农村经济的集约化、企业化、现代化发展起到了推动示范作用。

1995年，武江区按照《广东省农村股份合作制企业规范意见》，进一步规范和指导农村股份合作制的发展。一是按照政企分开的原则，理顺农村股份合作制企业与行政组织的关系，使产权等经济关系更加明晰，把农村经济组织推向一个更高的层次。二是把农村股份制经济与区域社会经济发展结合起来，加强对农村股份合作制企业产业选择的引导，使之更好地为农副产品深加工服务，以利于提高农副产品的附加值，从而提高农业自身的积累水平。三是引导和动员专业大户强强联合成立股份合作制企业。通过规范和引导农村股份合作制，增强了农民对股份合作的信心，较好地促进农村股份合作制的发展。是年，西河镇朝阳管理区专业户肖德斌承包一口40多亩（约2.7公顷）的山塘养鱼，他当时仅有4000多元资金，远远不够购买鱼苗、饲料等进行生产周转使用。该镇塘湾村全国劳动模范刘焕棠得知这种情况后，投入资金和技术与他进行股份合作，当年便创下年产值50万元、年利润10万余元的高纪录。

从1996年开始，区委、区政府按照省市的有关规定，大力发展由社区经济组织改组而成的、集体企业改组的、集体与个体合资而成的、不同单位与个体合资组建的、挂靠企业改组等多种类型的股份公司。同时按“宜菜则菜、宜鱼则鱼、宜牧则牧、宜果则果”的思路，调整农业产业结构，规划农业发展目标，引导农民以土地、劳动力、资金入股等形式，大力发展绿色环保生态农业、旅游观光休闲农业和特色农业，培育一批村级品牌项目，加速了农村股份合作制的推行，辖区乡镇企业和私营企业迅速发展，并有效提高农民的收入和生活水平。

随着形势的发展，武江区的农村股份制得到不断的扩充和发展，前进村、塘湾村、朝阳村都建立起不同形式的股份制。特别是农民专业合作经济组织的迅速发展，有效地推进了农业组织化、产业化的进程。至2016年，发展农民专业合作经济组织63个（其中国家级2个，省级3个，市级2个），成员2992人。

三、“绿化达标”工程的建设

1986年9月，武江区委、区政府根据省委、省政府“五年种上树，十年绿化广东”的决定，制定了“三年消灭荒山、五年绿化武江”规划，并成立武江区绿化达标指挥部，时任区委副书记李俊锋为总指挥，区属机关各部门12名干部组成区绿化达标办公室。分设山上、道路、城区3个绿化达标工作组，加强对绿化达标工作的领导和指挥。

（一）办好造林绿化点

为确保实现“三年消灭荒山，五年绿化武江”的目标，加快造林绿化进程，区委、区政府要求各级党政部门切实把造林绿化工作摆上重要议事日程，要求各乡镇、区直属各部门层层办点，把联系村的样板点办实办好，办出成效。要求领导带头，定人定期定点定责任，发动群众，组织群众，苦干三五年，抓出成效。

区委、区政府明确办点的四项主要任务：一是与村党支部、村民委员会配合，发动群众，组织群众，做好消灭荒山、造林绿化的规划。到1987年4月底，荒山面积劳平（平均每个劳动力）1亩以上的村，必须完成每个农村劳动力消灭1亩荒山，造林种果的任务；劳平荒山1亩以下的村，要全部消灭荒山。二是选择面积为100亩以上的连片荒山，办成一个以造林种果为主的山地开发样板点，做到地点、面积、管理工作“三落实”。三是深入调查研究，因地制宜制定出联系村的“三年消灭荒山，五年绿化武江”规划，任务落实到山、到户，制定出相应的责任措施。四是持续深入宣传《中华人民共和国森林法》，进一步完善各项林业政策和生产责任制，强化封山育林、护林防火的规章制度和乡规民约，建立健全护林队伍，抓紧抓好“改燃节柴”工作。并对办点提出具体要求：一是各单位工作队在点上的工作时间，每月领导成员不少于3天，工作队员不少于10天；二是定期向区绿化达标指挥部汇报工作进展情况，以便及时发现和处理问题；三是区委、区政府五年内，每年组织两次全面检查评比，表扬先进，激励后进，兑现奖惩。

（二）推动造林绿化高潮

1986—1990年，全区林业用地约66.3平方千米，其中荒山约

17.3平方千米，还有不少残次林。据此，武江区委、区政府明确以2个乡镇1个街道140多个驻区单位为责任单位，层层落实绿化达标包干责任制，动员全区干部群众齐心协力，大搞造林绿化工作。

首先，在区内荒山分布相对集中的地方兴办林场果场。几年间，先后办起芙蓉山林场和武江林场，办场面积占全区17.3平方千米荒山面积的54%；并采取机关、乡镇、管理区和农户多渠道、多形式合作的方式兴办林场果场，广泛造林种果，全区共种植各种果树约3.47平方千米。

其次，按照区委、区政府办好造林绿化点的规定分配任务，层层落实各级造林办点责任。一是明确造林任务。区委党群、政法、农委战线和西联镇委、镇政府负责联系办点的沐溪、甘棠、车头、岗背、赤水、芙蓉、阳山7个村共有疏残林面积6.34平方千米、荒山面积约9.6平方千米；区政府、文教战线和河西乡党委、政府负责联系办点的糖寮、黄塱、下坑、马屋、白芒5个村共有疏残林面积3.55平方千米、荒山面积3.42平方千米。二是突出三级领导办点。区委书记点为沐溪水库范围；农委主任点为沐溪村范围；林业局局长点为白芒片（含大村、村头、张屋岭村）。三是落实四套班子联系分工。区委、区人大联系西联镇；区政府、区政协联系河西乡。5年办点期间，领导成员、驻点干部与群众同吃同住同劳动，上山挖沟打穴，种树管树护树，落实包种、包活、包管责任制，从根本上改变以往零星分散植树和年年造林不见林的状况。经过不懈努力，终于在1989年实现了“三年消灭荒山”的目标，全区造林（含重新造林）达22.96平方千米，种植各种果树约3.47平方千米，村庄、道路植树10万多株，造林绿化投资160多万元。

再次，开展群众性大会战活动。连续5年的植树节期间，每年区委、区政府都组织发动区属机关、乡镇、街道和驻区140多个机关、厂矿单位的干部职工和村民群众上万人，全力开展义务植树造林。干部、群众带上干粮或炊具在山上就餐，直到当天山上划分的植树任务全部完成，经验收人员验收合格后才收工下山回家。

（三）巩固保护“绿化达标”成果

1989年全区实现“三年消灭荒山”目标后，区委、区政府又对道路路树进行补植与管护，强化城区绿化工作，进一步严格按照省“绿化达标”的要求，落实全区的中幼林和疏残树的封山育林，对新造林做到造一片、封一片，全区实现封山育林47.53平方千米，占全区林业用地的71.6%；加强林政管理，杜绝乱砍滥伐，严格执行木材生产“一本账”制度，森林资源蓄积量逐年提高。与此同时，全区砖瓦窑改燃煤或茅草，城乡13539户家庭中，有98%以上的家庭改燃节柴；健全乡规民约，成立乡镇护林专业队，组织了一支上百名专职或兼职护林员队伍，加强对山林、路树的管护工作；几年时间，全区共营造绿色防火林带54千米，落实森林防火和山林病虫害防治措施，使山林火灾和山林病虫害得到有效控制。

1991年7月，经省绿化达标验收工作组检查验收，武江区各项绿化指标是：林业用地栽植率98.5%；林业用地绿化率85.78%；建成区绿化覆盖率53.5%，公共绿地绿化率100%；人平公共绿地面积7.3平方米，专用绿地绿化率93.3%；省管公路绿化率97.46%；地方管公路绿化率90.75%；村庄绿化覆盖率35.17%；全区绿化覆盖率44%。全区十大绿化指标均超过省定标准。1991年9月1日，广东省委办公厅、省政府办公厅批准韶关市武江区为绿化标准县（区），并通过新闻单位予以公布。

四、实施农村“奔康工程”建设

1993年6月开始，武江区的社会主义农业现代化建设和社会主义新农村建设进入一个更新更高更快的发展新时期。根据《广东省农村小康标准指标》和市委、市政府的要求，武江区委、区政府着手制定小康规划，计划用5年时间，开展以“五改”（改水、改厕、改灶、改路、改变村容村貌）为主要内容的农村文明创建活动，在大力发展城郊型农业经济的基础上，实现全区农村小康。

1995年7月，根据省、市“奔康工程”精神，武江区分别成立区、镇“奔康工程”两级领导小组，推出《关于农房改造的意见》，按“拆旧建新、先易后难、有利生产、方便生活”的原则，采取与农户挂钩包干扶持的办法，分别给予贷款帮助和公共设施建设部分补贴，优先安排列入规划的建房用地，免费为农户提供施工图纸。为进一步贯彻落实省委、市委的指示精神，武江区委把“奔康工程”列为农村工作和精神文明建设的头等大事，不断充实农村实施“奔康工程”力量，区农委、精神文明办、建委、财政局、国土分局等部门和单位负责人参与具体工作，研究方案，制定规划，并以西联镇沐溪管理区九马坑村为试点，组织和动员全村38户农民新建红砖房4560平方米，以点带面推动全区“奔康工程”的顺利发展。

1997年3月31日，武江区农村工作会议再次提出加速农房改建工作，力争实现全区农村小康。5月8日，区“奔康工程”工作办公室发出《武江区加快实施奔康工程工作的意见》，要求“把农村奔小康作为统揽全区农业工作大局的出发点，以加快农村农房改造为重点，搞好旧村改造和新村的规划建设，鼓励和引导农民兴建符合文明新村标准的楼房”。到1997年8月，全区农村建成红砖房或钢筋混凝土结构楼房4054户，建房面积418626平方米，分别占全区农户和民房面积的70.8%、65.02%。七成农户告别了泥砖房，为武江区农村小康标准住房面积达标打下了良好的基础。

2002年11月8日至14日，中国共产党第十六次全国代表大会在北京召开。党的十六大提出全面建设小康社会，开创中国特色社会主义事业新局面，吹响了全面建设小康社会的号角。2005年1月，中共武江区委召开全区学习贯彻胡锦涛同志视察广东重要讲话精神会议，在全区树立科学发展理念。2005年12月，中共武江区委六届四次全体（扩大）会议研究确定了“十一五”时期武江区以全面建设小康社会为目标的经济和社会发展的总体思路。

五、推进农村基层管理体制改革

广东省委、省政府于1998年9月发出《关于理顺我省农村基层管理体制的通知》，要求贯彻执行《中华人民共和国村民委员会组织法（试行）》，撤销管理区办事处，设立村民委员会（简称“村委会”），在自然村（或原生产队）范围设立村民小组。10月12日，区委、区政府成立武江区理顺农村基层管理体制领导小组，经过3个多月的努力，完成理顺工作，依法进行村委会换届选举，全面推行村务公开。全区设村委会22个，村民小组91个。村委会设主任1人，副主任2人，委员5～7人组成。村民小组设组长1人，副组长1人。11月4日，《中华人民共和国村民委员会组织法》由第九届全国人民代表大会常务委员会第五次会议修订通过。此后，按照《中华人民共和国村民委员会组织法》，村民委员会作为村民自我管理、自我教育、自我服务的基层群众自治组织，严格实行民主选举、民主决策、民主管理、民主监督。

1999年9月27日，区理顺农村基层管理体制领导小组制定

《韶关市武江区村民自治示范活动方案》，武江区根据中央和省、市的要求，明确此轮农村基层管理体制改革的原则要求，通过开展村民自治示范活动，指导和帮助各村委会实现民主选举、民主决策、民主管理、民主监督。民主选举，就是由本村有选举权的村民依照法律法规规定的程序，直接选举村民委员会主任、副主任和委员，真正把思想好、作风正、有文化、有本领、真心实意为群众办事的人，选进村民委员会领导班子。民主决策，就是凡涉及全体村民利益的事项和村中的重大问题，都要提请村民会议或村民代表会议讨论决定，按多数人的意见办理。民主管理，就是依据党的方针政策和国家的法律法规，结合本村的实际情况，由全体村民讨论制定村民自治章程或村规民约，加强村民的自我管理、自我教育和自我服务。民主监督，是指村民对村民委员会的工作及村干部的行为实施监督，并规定村民委员会实行村务公开制度，村民委员会应当及时公布特定事项，其中涉及财务的事项至少每六个月公布一次，接受村民的监督。

在推进农村基层管理体制改革期间，武江区通过设置村民委员会，不仅减少了管理层次，精简了干部职数，并在民主选举、民主决策、民主管理、民主监督的基础上完善农村基层管理，有效推动了村民自治体制的发展和完善。但在实施过程中，也有少数村委会干部没有严格按照民主管理的要求，主观作为，集体土地资源和资金不合理使用，造成集体资产浪费、流失，以致出现村民上访的现象。2002年武江区政协第五届五次会议上，政协委员刘自远提出《关于认真实施〈村民委员会组织法〉减少农民上访的建议》提案交办西联镇。西联镇委、镇政府收到提案后，组织有关人员学习《中华人民共和国村民委员会组织法》，及时加大宣传力度，广泛开展《中华人民共和国村民委员会组织法》的宣传教育，并做好重点对象的教育工作，有效提升了全镇基层民主管理水平。

六、全面推进新农村建设

武江区的新农村建设，按照中共中央、国务院文件精神和省、市关于新农村建设的整体部署，结合区域实际，以改善农村基层条件为基础，以推进农业产业结构调整为重点，以提高农业综合生产能力、增加农民收入为目标，科学规划，整合资源，示范带动，积极推进，圆满完成各项工作任务。

第一，全面深化农村经营体制改革。一是稳定以家庭承包经营为基础、统分结合的双层经营体制，有条件的乡村可根据自愿、有偿的原则，依法流转土地承包经营权发展规模经营。二是巩固农村税费改革成果，全面推进农村综合改革，基本完成乡镇机构、农村义务教育和区镇财政管理体制等改革任务。三是深化农村金融体制改革，规范发展适合农村特点的金融组织，探索和发展农业保险，改善农村金融服务。四是坚持耕地保护制度，扩大养殖、园艺等劳动密集型产品和绿色食品的生产，努力开拓农产品市场。五是加强农村劳动力技能培训，引导富余劳动力向非农产业有序转移，带动乡镇企业和小城镇发展。六是加大扶贫开发力度，提高贫困地区人口素质，改善基本生产生活条件，开辟增收途径，进一步推进农村奔康工作。2001年1月17日，武江区西河镇塘湾新村被评为“2000年度韶关市奔康标准村”。

第二，推进现代农业建设。加快农业科技进步，加强农业设施建设，调整农业生产结构，转变农业增长方式，提高农业综合生产能力。优化农业生产布局，推进农业产业化经营，培育农业龙头企业，促进农产品加工深化增值，发展高产、优质、高效、生态、安全农业。大力发展蔬菜基地、水产基地、竹林基地，稳定发展生猪、禽蛋和水产品生产，着力培育优势产业带，精心打造特色品牌。提高农业机械化水平，加快实施农业标准化，健全农业技术推广、农产品市场、农产品质量安全和动植物病虫害防控体系。积极推行节水灌溉，科学使用肥料、农药，促进农业可持续发展。到2002年，全区农业生产总值达9410万元，比1997年增长36.52%。

第三，千方百计增加农民收入。广泛开辟农民增收渠道，利用区域优势资源，发展农业深度加工，带动远郊乡村走产业化发展之路。采取“靠山吃山”的方式，发展生态农业和生态旅游等生态经济。到2002年，全区农村人均收入4801元。

第四，大力发展农村公共事业。加快发展农村教育事业，重点普及和巩固农村九年义务教育，对农村学生免收杂费，对贫困家庭学生提供免费课本和寄宿生活费补助。重视发展科技事业，加强科技培训，宣传科技知识，推广先进技术，广泛传授农业科学技术。加强农村公共卫生和基本医疗服务体系建设，基本建立新型农村合作医疗制度，并实施农村计划生育家庭奖励扶助制度和“少生快富”的扶贫工程。发展远程教育和广播电视“村村通”，促进乡村文化体育快速发展。加大农村基础设施建设投入，加快乡村道路建设，发展农村通信，继续完善农村电网，逐步解决农村饮水的困难和安全问题。大力普及农村沼气应用技术，积极发展适合农村特点的清洁能源。到2002年，全区90%的农户装有程控电话和市内有线电视，30%以上村民配装GSM（全球移动通信系统）数字移动电话，其中近郊农户全部安装程控电话和市内有线电视。

七、实施乡村公路建设大会战

2004年8月，韶关市部分行政区域调整，原曲江县龙归、重阳、江湾3个镇划入武江区。这3个镇农村交通不便，经济基础薄弱，发展相对滞后。后坪村离龙归镇省道323线只有9千米。因为没有像样的公路，山里的土特产运不出去，山外人难进大山，经济环境条件差，逐渐使后坪村成为远近有名的“光棍村”。修公路，是村民们世世代代的殷切期盼。修公路，也是武江区委、区政府贯彻落实“三个代表”重要思想、执政为民的具体行动。

区委、区政府在调研后做出决定：筹集2000万元在半年时间内完成20条共100余千米的农村水泥公路铺设任务。2005年，区政府出台《2005年乡村公路建设意见》《乡村公路建设奖罚办法》。从6月开始，区委、区政府把乡村公路建设作为深入开展先进性教育活动、推进“固本强基”工程、加快建设社会主义新农村的重要工作来抓。

乡村公路建设从一开始就形成了气势磅礴的大会战，全区农村奔小康的大合唱。“横下一条心，拧成一股绳，不惜一切代价，采取一切行之有效的措施，打一场乡村公路建设歼灭战！”这不仅是区委、区政府掷地有声的决心，也是全区人民发自肺腑的建设号角。

武江区成立由时任区委书记邬学新，区委副书记、区长张中坚为组长，区委分管农村工作副书记潘萌为副组长的乡村公路建设工作领导小组。逐级逐层明确公路建设责任，在机构、人员编制偏紧的情况下率先在市辖区中成立地方公路管理局。

为保证建设资金，区委、区政府一方面积极跟省、市有关部门汇报、沟通，争取省、市资金支持。另一方面，广泛发动、争取社会各界支持，筹集区镇村配套资金；同时，采取召开动员会、文艺汇演等多种形式，加大对广大村民的宣传力度，使乡村公路建设家喻户晓、深入人心。村民自觉配合、参与公路建设，在全区掀起捐资建路热潮，形成公路建设合力。

为把这项惠及百姓的实事办好、好事办实，区主管领导和建设、监察、审计、财政等部门有关人员组成工作小组，在市地方公路管理站专家的指导下，精心编制招标方案，实行公开招标，施工监理公开、公平、公正，区四套班子成员全部挂点路段，龙归、重阳、江湾、西联等镇政府与区政府签订公路建设责任书和承诺书，成立区、镇、村三级工程质量监督小组。全区乡村公路建设划分8个标段进行招标。中标总价为1238.03万元。经过干部群众半年的日夜奋战，至2005年12月31日武江区全面完成29条共106.3千米的乡村公路建设，提前4年完成省委、省政府提出的“村村通公路”目标。

2005年12月27日，市召开农村公路现场会暨县通镇公路建设表彰会。市领导及与会代表们到社主至后坪路段考察。当他们乘坐的车辆出现在后坪村村口时，等候在公路两旁的村民，用他们新购的20辆摩托车同时向客人鸣笛致意。车队离开后坪时，这些摩托车还紧紧跟在车队后面，一直将客人送到9千米外的社主大路上。

八、实施农村沼气工程建设

武江区的农村沼气工程建设从2004年启动，当年全区农村共建设沼气池96个，占年度计划的96%。2005年6月8日，区委、区政府召开全区沼气、安居、水利工程建设会议，对武江区全面加快推进农村沼气、安居、水利工程进行部署安排，按照“立党为公、执政为民；抓基层、打基础、出实招、办实事”的工作思路，加强领导，明确责任，加大力度狠抓各项工作的落实，确保全区沼气、安居、水利等各项建设任务保质、保量、如期完成，切实改善全区农村生态、生活、生产条件，提高农村生态、农民生活质量和健康水平，加快全区城乡统筹发展步伐。

为切实推动乡村公路和沼气工程建设，确保建设任务的完成，区委、区政府于2005年6月10日制定并印发了《武江区2005

年乡村公路和沼气工程建设责任奖罚办法》。该奖罚办法规定，对如期保质保量完成沼气工程任务的镇，奖励2万元，奖励镇委书记、镇长个人各2000元；完成乡村公路和沼气工程建设任务的镇从区奖励金中分别奖励该镇有关人员；完成乡村公路和沼气工程建设任务的区挂点领导奖励500元，奖励挂点单位全体干部800元。对未能如期按质按量完成工程建设任务的处罚办法中最有力度是：全区未能如期按质按量完成乡村公路建设和沼气工程建设，扣发区委书记、区长一年生活补贴总额（2002年至2005年5月区增发部分）的15%和10%。对农户建设沼气池采取的资金补贴措施主要有：在市政府每户补贴200元的基础上，区政府补贴600元，市、区两级补贴达到800元；各镇分别采取了不同程度的补贴，如西联镇每户增加补贴200元，龙归镇每户增加100元；区政府对独生子女户每户增加500元建池补贴。

区政府将为农村建设1000个沼气池列入区政府2005年为民办9件实事之一。2005年7月12日，区政府在龙归镇召开全区沼气建设现场会，将西联镇山蕉村、甘棠村，龙归镇马渡村、龙安村，重阳镇重阳村，江湾镇梁屋村定为全区第一批沼气池建设示范村。

仅2005年一年，全区就建设了105.8千米农村公路，1600多个沼气池，水利工程13宗，改建农房530多户，大大改善了群众的生产生活条件。武江区国民经济和社会发展第十一个五年规划，在任务目标中再次明确将“积极推进农村道路、沼气、水利工程建设”列入建设社会主义新农村的重要内容。2005年，全区完成沼气池建设1655户，占全年任务的110%。

2006年，市分配武江区沼气池建设任务1500个。但由于“7·15”洪涝灾害，影响了建设进度。建设任务调整为800个。最终，全区全年完成沼气池建设806个，完成任务率为调整后的108%。

九、抗击“7·15”洪灾和重建家园

（一）众志成城抗洪救灾

2006年7月，武江区及韶关市区受“碧利斯”和“格美”强台风影响，遭遇2次洪灾。其中7月14日至17日的“碧利斯”强台风造成本区特大洪灾（简称“7·15”洪灾），武江洪水暴涨，最高洪峰56.86米，超过警戒线3.86米。北江洪峰流量达8500立方米/秒，武江区重阳、西河、西联3个镇，黄岸、水口等6个村及城区受灾严重。全区受灾人口18.26万人；房屋倒塌9424间，其中全倒户2345户9041间，危房户89户134间；农作物受灾面积38.13平方千米，成灾面积37.47平方千米，失收面积25.33平方千米；农田冲毁面积13.47平方千米，无法复耕0.67平方千米；大牲畜死亡1.7万头，水产养殖损失2400吨；受损公路21条9.5千米、桥梁5座、学校房屋97间；损坏小型水库23座、灌溉设施47处、机电泵站27座、小水电站2座、堤防8500米。全区直接经济损失7.5亿元。其中，农林牧渔业直接经济损失5614万元。7月25日，五号台风“格美”再次袭击武江，全区受灾人口1.02万人；农作物受灾、成灾面积23平方千米，毁坏堤防3处、灌溉设施5处、机电泵站2座、小水电站4座等。直接经济损失870万元。其中，农林牧渔业直接经济损失560万元。

7月15日中午1时30分，区委、区政府召开全区防汛工作紧急会议，研究部署全区防汛救灾工作。会议强调区四套班子成员、各镇、街、区直部门领导防汛期间必须坚守岗位，带头做好防汛工作，主要领导必须身先士卒深入防汛一线坐镇指挥，争分夺秒做好群众转移、生活安排、抢险救灾工作。15日凌晨，区四套班子成员和抗洪队员下到乡镇灾区一线。区公安分局120人的抗洪

应急分队，区武装部组织民兵、预备役人员400多人，迅速投入抗洪抢险。15日下午，洪水继续暴涨。区委、区政府再次召开防汛工作紧急会议，动员全区上下全力以赴开展抗洪抢险工作。18日上午，区委、区政府再次要求全区各级党委、政府，各级领导要统一思想，达成共识，高度重视抗洪救灾工作，将救灾工作作为当前压倒一切的工作重点抓好落实，要以高度责任感解决群众当前的困难和问题，做好受灾群众的生活保障工作，对无粮、无房、无自救能力、投亲无门的受灾群众，保证他们有饭吃，有衣穿，有房住（全倒户），有病能得到及时治疗；认真细致做好灾情统计工作；尽快修复水毁工程，重点恢复道路交通、供水、供电、通信；做好灾后卫生防疫工作，组织人员及时清理垃圾、淤泥，组织医疗队做好卫生防疫，确保大灾之后无大疫；组织群众积极开展生产自救，把受灾损失降低到最低程度；加强灾区社会治安管理，确保治安稳定。组织机关干部捐款捐物，帮助受灾群众渡过难关；加强值班制度，准确反馈信息，确保政令畅通。

区委、区政府还采取“分片分组负责制”加强救灾的组织协调：根据受灾情况，将全区受灾点分为三个片区（即城区片、重阳片、西河和西联片），由区四套班子成员牵头，统筹指挥片区的各项救灾工作。根据各部门职能特点划分成生活、生产、社会维稳、卫生防疫、协调保障5个工作小组，迅速开展抗洪救灾、减灾复产工作。24日，时任广东省政府副省长李容根和省救灾复产驻韶工作组前往本区重阳镇黄岸村视察灾情。28日，区委、区政府举行赈灾募捐动员大会，当天筹得善捐528万元。

面对两次洪灾，全区党政军民万众一心，众志成城，全力做好抗洪抢险、救灾复产工作，把洪灾损失降到最低程度，确保洪灾中无一人死亡。确保灾民得到妥善安置，受灾群众有饭吃、有水喝、有衣穿、有房住、有病能及时得到救治。灾后一周内，恢复通水、通路、通电、通电话；农业部门及时将稻种、菜种送到村民手中，组织群众生产自救；卫生防疫部门进农村走街巷，及时开展消毒、送医送药活动；市、区机关和街道社区干部及时上街清理垃圾、淤泥。全区未发生疫情和食物中毒事件。洪灾期间社会秩序良好、人心稳定、物价稳定，受到省、市政府的肯定。

（二）举全区之力重建家园

取得抗洪救灾斗争的初步胜利后，武江区委、区政府迅速组织开展救灾复产重建家园工作。2006年7月23日，武江区党政办公室发出《关于成立武江区救灾复产重建家园工作领导小组的通知》，成立由区委书记任组长，区长、区委副书记任副组长，区委、区政府其他12名班子成员为成员的武江区救灾复产重建家园工作领导小组。领导小组下设生活安置、灾后复产、维护社会稳定（宣传）、卫生防疫、基础设施修复、重建家园、协调共7个负责组，区四套领导班子成员分别担任小组负责人，区直机关有关单位为7个负责组的责任单位。

8月3日，区党政办公室印发《关于成立武江区救灾复产重建家园工作领导小组办公室的通知》，由区农业局、建设局、水利局和党政办人员组成领导小组办公室人员。8月6日，区党政办公室发出《关于印发武江区灾后重建家园工作实施方案的通知》，明确灾后重建家园工作的指导思想、主要任务、基本原则。8月7日，武江区委、区政府组织全区干部职工在区政府大院举行灾后“重建家园”誓师大会。

区党政主要领导负责联系重阳镇、西河镇，区四套领导班子成员挂点联系11个新村建设点，并抽调机关干部组成11个工作组分赴11个重灾区，积极协助镇、村做好灾情核查统计工作，做好上级有关政策和重建家园的宣传报道和组织实施工作，监督救灾款物的使用管理。

各驻村组长和队员吃住在村。各镇、村严格遵守救灾款物使用规定，专款专用，接受群众监督。纪检、监察、审计等部门主动靠前，加强监督检查，有力地保证了全区灾后重建工作的顺利推进。

2006年9月4日，在广东省抗洪抢险救灾表彰大会上，武江区被省委、省政府授予抗洪救灾先进集体称号。10月15日，重阳镇重阳村首批10户房屋全倒户搬进新居。市委、市政协领导到场庆贺。12月2日上午，武江区委、区政府在重阳镇水口龙头新村举行乔迁新居抽奖活动，为11月30日前搬进新村的48户全倒户送出价值10万元的奖品。12月31日，全区1620户全倒户搬进新居，2007年春节前余下的50户全倒户全部搬进了新居。

十、着力提升农业组织化、产业化程度

武江区农业部门紧紧围绕稳定和完善农村土地承包关系这个核心，以农民专业合作社、家庭农场、涉农企业等土地流转为载体，提升农业组织、产业化水平。截至2016年全区农村土地流转面积达1040.2公顷，占承包面积的26.3%，其中转包436.2公顷、转让17.7公顷、出租501.1公顷、其他形式85.2公顷。推动农民合作社和家庭农场健康发展， 积极组织各级示范家庭农场申报工作。2016年武江区培育农业产业化龙头企业10家（其中国家级龙头企业1家，省级2家，市级6家，区级1家）；发展农民专业合作经济组织63个（其中国家级2家、省级3家、市级2家），成员2992人；家庭农场22家（其中市级示范家庭农场2家、区级示范家庭农场1家）。积极开展一事一议工作，2016年武江区申报村级公益事业一事一议财政奖补项目9个，总投资559.5万元，涉及江湾镇3个行政村。截至2016年项目实际完成投资522.2万元，9个项目全部完成竣工验收。积极开展解决承包地细碎化问题试点工作。2016年7月，武江区选定重阳镇黄岸村作为解决承包地细碎化工作试点单位，试点承包耕地面积4.67公顷，涉及农户135户。

第二节　以建设经济强区为目标，推进工业经济改革发展

一、推动乡镇企业的蓬勃发展

1990年1月3日，中共武江区委作出《关于加强企业管理的决定》。该决定指出，按照中央部署，1990年和1991年两年是企业管理年，全面加强企业经营管理，加强区属企业从速度型向效益型的全面转变，是贯彻中央治理整顿、深化改革方针的需要，也是全区经济持续、稳定、协调发展的根本途径。该决定有三项措施在促进乡镇企业发展中起到了关键作用：一是进一步建立和健全厂长（经理）、党组织和工会三方统一、团结、协调的领导机构，明确厂长（经理）在经济工作中的中心地位；切实加强党组织在思想政治工作上的核心保障作用；充分发挥工会对企业的民主管理监督作用。二是坚持和不断完善厂长（经理）负责制和各种承包经营责任制；主管部门积极协助、认真考核到期的承包责任制情况，总结经验，解决存在问题。三是继续推行和完善工资总额和经济效益挂钩，承包经营者的个人收入与企业经济效益和职工收入双挂钩的管理办法，理顺国家、集体、个人之间的利益分配关系，理顺企业经营者与生产者的利益分配关系。

1984年建区时，武江境内仅有乡村办企业13家，从业人员282人，主要行业有煤矿、石场、砖瓦厂、粮食加工、建筑、维修、搬运、短途运输等。至1992年，全区乡镇企业发展到948

家，从业人员3285人，总收入9561万元，纯利润1199万元，总产值（按现行价计）5474万元，占全区工业总产值的60%。

（一）利用资源发展

武江区地处韶关市西郊，韶关市城区扩容发展基建项目不断增多，建筑材料供不应求，这是武江区发展乡镇企业的一个很好切入点。从1985年起，区委、区政府坚持“五个轮子”（乡、村、集体、联户、家庭）一起转的方针，重点发展建材业，全区先后办起大小石场19个，大小沙场14个和砖瓦厂13家等。其中西联镇车头村利用该村靠近北江河，有丰富的河沙资源的优势，办起车头河沙厂，拥有挖沙船1艘、提沙机6台、运沙汽车4辆、劳力61人，每年采挖河沙上万立方米，获利14万元。直接为城市服务的联户和家庭办的小企业“星罗棋布”，1988年底据统计，全区乡镇运输业拥有汽车105辆、手扶拖拉机89台；不少人还长期贩运蔬菜、禽畜和饲料，开办机械电器维修、小型百货商店，仅河西乡黄塱村就有126户129人，占总劳力的12.6%。是年，全区统计大小乡镇企业868家，从业人员3200多人，总产值达4500多万元，比1987年增长51%。

（二）采取联营发展

武江区还有一个优势，就是辖区内中央、省、市属的科研机构和工业厂矿多达65家。区委、区政府引导、鼓励乡镇企业采取与中央、省、市属单位进行各种形式的联合经营，主要有生产联营、资金联营、技术联营和其他形式联营。1986—1989年，区乡镇企业先后与韶钢、石人嶂矿、曲仁矿务局、格顶矿、706地质队和华南地勘局等国有大中型企业展开资金、技术、产品、市场协作，引进资金324.5万元，建成芙蓉砖厂、西联铸造厂、电线厂、塑料厂、加油站等联营企业8家。通过协作联营，全区乡镇企业从1986年的221家，发展到1989年的1094家（含个体），从业人员3715人。

二、推进区属国有企业的综合改革

（一）对区属国有企业的简政放权

1986年后，武江区委、区政府贯彻中共中央《关于经济体制改革的决定》，对企业的组织结构、产品结构、经营管理进行全方位改革，实行简政放权、政企分开，推行厂长（经理）负责制，扩大企业自主权；明晰了企业的人事调配权、机构设置权和产品支配权。

给企业放权松绑。1986年，区政府重新核定12家区属国有企业：区煤炭公司、区工业公司、区矿产公司、区运输公司、区工业供销公司、区房地产开发公司、武江美术工艺公司、区物资公司、区化建公司、区商业公司、区农业服务公司、区劳动服务公司。除煤炭公司有一定规模外，其余均为小微企业。区委、区政府坚持“改革、挖潜、巩固、提高”方针，以提高经济效益为中心，理顺政企关系，扩大企业自主权，把属于企业的权力尤其是符合政策范围的经营权、用人权等，全部下放给企业。切实解决“有权的不负责，负责的没有权”的问题，激发了厂长（经理）的积极性和责任感，充分运用政策赋予的权力，开拓市场，提高经济效益。煤炭公司狠抓了4项工作：一是狠抓职工技术专业培训，技术人员再次参加各类大专院校的函授、进修课程，部分文化水平较低的职工参加补习班，加快提高文化素质和技术业务素质。二是狠抓“双增双节”（即增产节约，增收节支）运动，强化勤俭节约、艰苦奋斗精神，厉行节约，开源节流。仅1987年上半年就节减经费10多万元。三是狠抓行政改革，充实一线生产。公司办公室人员从43人减少为31人，精简下来的人员全部充实到矿区，加强生产一线管理。四是狠抓经营改革，实现产销平衡。1988年，该公司煤炭产量9.1万吨，完成计划的101%；产值200.2万元，完成计划的101%；实际利润达到111.05万元（含归还旧债45.33万元）。

能人承包经营企业。1986年之前，区工业公司下属的武江服装厂和区针棉织品厂的生产技术和经营管理较为落后，产品质量与市场销售额也不尽如人意；区工业供销公司的生产经营业务也不理想。改革势在必行，刻不容缓。区委、区人大、区政府领导带着问题深入现场调查研究，和企业的干部职工共同商讨企业改革发展的策略措施，推选支持有经验有能力的人士多形式承包经营企业。1986年12月10日，宋学荣租赁承包武江服装厂，并签订经营承包协议；1987年1月1日，武江区针棉织品厂由何家海、魏培燊两人签订“一定五年”的承包协议；1987年8月19日，区工业供销公司由公司副经理赖允灶承包生产经营。实行企业承包（含集体承包）改革后，各企业的生产销售、经营管理、收入，都发生了明显的变化，有了很大程度的提高。区针棉织品厂承包后投资23万元新建了毛巾车间，武江服装厂加快了技术改造。到1990年末，两个厂均实现了承包目标。特别是武江服装厂1990年销售收入比1989年增长47%，1991年生产服装6.4万件。区工业供销公司1988年销售总额为358.8万元；利润达7万元。

（二）推进企业经营机制转换工作

1992年7月23日，国务院颁布《全民所有制工业企业转换经营机制条例》。区委、区政府坚持从实际出发，改革企业人事任免和劳动用工制度，企业正职由主管部门提名，报区有关部门考核审议，由政府任免；企业副职及中层行政管理干部由厂长（经理）提名任免，报主管部门备案；企业员工由厂长（经理）聘用，报主管部门备案。转换企业经营机制，把企业推向市场，搞好企业配套改革。通过贯彻执行《全民所有制工业企业转换经营机制条例》和《广东省贯彻〈全民所有制工业企业转换经营机制条例〉的实施办法》，全面落实企业自主权和搞活企业的政策措施，加强企业管理，完善经营责任制，实施工效挂钩，有效地调动企业的生产积极性，促进企业经济效益的提高。

1993年7月，区委、区政府提出“改革、调整、发展”六字方针，深化企业用工、分配制度和人事制度改革，还权给企业。制定《武江区企业主管部门经济效益综合考核办法》，区政府与行业主管部门、主管部门与企业，层层签订责任书或承包合同书，并按经济效益综合考核指标完成情况给予奖罚。韶关水泥厂武江分厂在制订全厂总任务和指标的基础上，实施各车间与厂承包，班组与车间承包，个人与班组承包，层层夯实责任任务，切实把干部职工的效益与生产挂钩。同时改革分配制度，在建立和健全厂规厂纪和各项制度的基础上，先后制定《关于车间实行承包计件工资的试行方案》《关于奖励方案（草案）》和厂部、车间工作责任制，落实绩效工资和奖励。通过转换经营机制，有效调动干部职工的生产积极性。1993年1月至10月，全厂生产水泥5万吨，实现利润91.89万元，上缴税金94.49万元，分别比1992年同期增长20.19%、466.52%和136.11%。

1993年12月，区委、区政府贯彻中共中央《关于建立社会主义市场经济体制若干问题的决定》，围绕“发挥区域优势，坚持工业兴区，培育强项产业，促进多元发展，创建特色经济”的工作思路，制定区政府主要领导、分管领导和工作部门经济考核责任制。同时发出《关于武江区企业转换经营机制工作的意见》。

要求各单位以经济效益为中心，以深化改革为动力，在党的十四大精神和邓小平理论的指导下，充分利用区域优势和条件，进一步深化企业改革，创新和完善承包经营机制，激发企业活力，促进发展。推动区属企业敢试敢闯、敢为人先，大胆向租赁经营、集体经营、私营、股份制改造等经营方式转变。

1994年，区政府将区经委系统的型材厂、工业供销公司、五金矿产公司、新兴印刷厂和机械厂等5家企业作为转换经营机制的试点企业，实行股份合作制、拍卖、租赁经营、兼并、风险抵押承包招标等转型改革。

1996年，针对区属工业部分企业出现亏损、个别企业每况愈下、濒临破产的情况，区政府组织工作组对区属煤炭公司、运输公司和金属结构厂等三个不同行业的企业进行为期两个月的全面调查，并在此基础上召开了一个群策群力的“集体会诊”会议。参会人员认为，武江区工业出现的困难局面，其原因既有外部的也有内部的、既有主观的也有客观的。一是企业和政府在实行“两个转变”上做了大量工作，但缺乏紧迫感，力度仍不够；二是企业适应市场经济的能力差，具体表现为缺乏决策能力、应变能力、开拓能力等；三是管理松散，有章不循，个别企业无章可循；四是生产资金紧缺，“巧妇难为无米之炊”；五是企业设备陈旧，技术力量薄弱，机制不活。在找出问题的症结之后，针对性地提出了扭亏增盈6条措施：一是要正确处理政府与企业的关系，政府充分发挥监督、协调、指导、服务的职能，企业真正做到自主经营、自我约束、自负盈亏、自我发展；二是实行一厂一策，“有的放矢”“对症下药”；三是加强企业领导班子建设，选好领导，用好人；四是下决心转换企业的经营机制，推行股份制、租赁、承包经营等制度；五是要盘活资金，减轻负担，奠定企业生存、发展的必要基础；六是强化管理，挖掘企业内部潜力，堵塞漏洞，走良性循环发展之路。

会后，区委、区政府派出干部帮助企业狠抓盘活资金、内部管理、领导班子建设，区属公有制企业短期内出现扭亏为盈。但是，随着非公有制企业的迅猛发展，区属老工业企业因生产规模过小、设备老化、工艺落后、包袱太重等因素，逐步失去竞争优势并陷入困境。区政府虽然加大扶持力度，及时调整产业结构，分别对企业进行重组、兼并及股份制改造等，但作用不大。

1997年，区政府成立武江区企业兼并试点工作协调小组，先后对南方化工厂、区型材厂、广东广通汽车韶关二分厂等3家企业实施破产处理；对韶关水泥厂武江分厂实行租赁经营；对区煤炭公司、矿产公司等区属企业逐步实施“关、停、并、转”。

（三）推进政企分开与简政放权工作

1992年，武江区委、区政府按照政企分开和“精简、统一、效能”的原则，开始进行区、镇（街道）两级管理机制改革，并重新界定部门职能，进行精简一批、合并一批、转为实体一批。同年7月，贯彻落实国务院《全民所有制工业企业转换经营机制条例》，坚持“政企分开、简政放权”原则，实施现场办公为企业服务，并宣布对企业实行“三个一”（一个法人代表、一个承包合同、一个工效挂钩系数）管理制度。

在实施简政放权过程中，区属主管部门把企业逐步推向市场，促使企业成为自主经营、自负盈亏、自我发展、自我约束的法人实体和市场竞争主体，同时转变机关作风，实行小机关大服务。一是协助企业加强思想政治工作，加强企业管理；二是帮助企业协调内部关系，协助企业理顺外部关系，为企业承接工程、推销产品、筹措资金穿针引线；三是协助企业解决资金问题。1993年，武江区工艺厂一度出现发不出工资的现象，时任区建委主任陈均勇发动干部职工筹集资金更新设备，并带头集资3000元，还以自己的房屋作抵押担保集资近4万元，解决了企业的燃眉之急。后来，区建委又帮助该企业争取银行和区财政支持技改资金10多万元，厂房机器设备初具规模，为企业走向市场创造了有利条件。

（四）改革区属国有企业和资产管理体制

1997年8月20日，韶关市委、市政府作出《关于深化国有中小企业改革的决定》，提出改革的主要形式：一是兼并破产，二是股份合作制，三是注资经营责任制，四是公开出售，五是合资合作。并要求各县（市、区）党委、政府高度重视国有中小企业改革，把它列入党委、政府的重要议事日程，切实把国有中小企业改革抓紧抓好。武江区委、区政府根据市的决定精神，采取“一厂一策”或“一厂多策”的形式，对全区12家国有企业实施改革。

对长期亏损、严重资不抵债、回生无望的企业采取坚决、果断的破产处理，如武江区型材厂由于技术设备陈旧、产品老化，已严重资不抵债，破产处理时的债务已近1000万元。为此，区委果断做出决定，利用国家政策，通过法律手段，对其进行破产处理。武江区运输公司、武江区港务公司、武江区供销公司3家企业，管理松散落后、资不抵债严重，如立即实施破产处理，债务的转移将给政府增加很大负担，区委采用行业整顿的方式，将其合并、清理，债务归一，并暂时搁置。

对长期经营不善，亏损严重，但资产保值尚好、市场还有潜力的企业实施租赁经营。如武江区水泥厂自1997年以来经营管理一直存在严重问题，每年亏损200万元左右，无力上缴税款，是区内有名的欠税大户，但其产品品牌和市场前景仍有潜力。1999

年，区委、区政府决定在保证原厂资产保值增值和每年上缴120万元税利的前提下，分离企业的资产所有权与经营权，实施租赁经营招标。1999年5月26日，出租方韶关市武江区水泥厂董事会及承租方韶关市光荣水泥发展有限公司签订租赁经营合同，租赁期限3年。至2000年底，即收回租金300.8万元，有效遏制了年均亏损200万元的势头。

对纳入产业结构调整和因生态环保需要而必须关闭或转产的企业，政府实行控股，并要求在加强管理的前提下，全面建立现代企业制度，分离所有权与经营管理权，让企业进入市场，自主经营，自负盈亏。如区煤炭公司停止煤炭生产后，实行企业转型和体制转型，组建韶关市盈彩盒纸品股份有限公司，走出一条多元化发展企业的新途径。

对经营情况较好的企业，如武江区金属结构厂则实行分级承包责任制，推行绩效工资制，面向市场，加大产品结构调整和新产品开发，提高市场竞争力，生产订单不断增多，也较好地扭转了被动局面。

三、从开发区到产业园区的建设与发展

（一）开发区的开辟与建设

20世纪90年代初，韶关市行政中心西移的规划和实施，给武江区经济发展带来新的机遇。从1992年起，武江区委、区政府进一步解放思想，充分发挥区位优势，不断加大开发区建设和招商引资力度，有效促进全区经济的快速发展。

制定经济发展优惠政策。经济发展，政策先行。1992年4月23日，区政府制订出台《武江区关于奖励引进资金、技术、人才发展经济的若干规定》：“凡引进资金5万元～30万元以上的单

位和个人，期限1～3年以上的，除按银行贷款计给利息外，再分别给予4%～10%一次性奖励；凡引进外向型项目、专利项目、技术转让项目、横向经济联合项目，办成投产后，从获得纯利润第一年始，连续3年给予10%～20%奖励；凡引进技术的单位和个人，连续3年按新增纯利润分别奖励20%、15%和10%；凡生产单位荣获市优、省优、部优或国优产品称号的，分别给其单位5000元～1万元一次性奖励；高薪引进急需的科技人才、管理人才，不受籍贯、职位、户口等方面限制，按照贡献大小，分别给予奖励。”

6月16日，武江区根据省外经委提出“适当放宽利用外资的有关政策，加快山区利用外资的步伐”要求，重新修订《关于发展对外经济优惠政策的若干规定》，在该规定中，为吸引和鼓励华侨、港澳台同胞、外国商人（简称“客商”）来区投资办厂兴业，在税收、土地使用费、租用厂房租金以及水、电、煤、油、运输和通信等给予优惠或优先供应。规定客商投资企业的经营管理自主权不受干涉，企业生产经营的重大问题及人事安排，均由董事会讨论决定；在批准的协议（合同）范围内，客商投资企业可以自行筹措、运用资金，自行安排生产计划、原材料采购和产品购销，依法自行确定机构设置、人员编制、管理人员的调入调出、聘用和辞退职工，自行确定工资标准、工资形式和奖励、津贴制度。该规定还要求华人华侨、港澳台同胞来区合作、合资经营企业的，视其实际投资规模，对其户口在农村或外地的直系亲属优先在本区城镇入户，并优先安排其在本企业就业；客商在本区投资兴办企业，可凭具有法律效力的委托书，委托国内的亲友为其代理企业客方董事或经理，并对进口原材料、产品税、增值税等，做出优惠规定。

推进开发区建设。1992年5月，武江区委理论学习中心组在学习讨论中共中央2号文件过程中，对照珠江三角洲的经济建设，联系本区华园新村开发区建设的实际，深感区内经济发展落后、开发区建设缓慢。大家一致认为：要把开发区搞上去，关键是领导层要解放思想、统一认识。经研究决定，区委就开发区建设提出四点意见：“一是要牢固树立效益意识，开发我区的经济效益和社会效益。二是要真正放权，应尽快把开发区培育成为自负盈亏、独立核算的经济实体。三是要为开发区创造宽松的环境，除落实引进资金和技术人才外，还可以根据需要增加一些更优惠的政策。四是要求有关部门根据工作需要，尽快帮助开发区解决一些实际问题。”20世纪90年代初，武江区解放思想，更新观念，开阔思路，落实行动，先后建立起华园、芙蓉、桃源居3个开发区。

华园开发区又称华园新村，位于新华南路西侧，规划征地面积8.21万平方米，除扩建新华南路用地1.24万平方米、整治林桥坑用地3000平方米外，实有面积6.67万平方米。按29.5%建设密度设计，兴建商住楼宇32幢，平均楼高8层，提供标准住宅1347个单元，总投资2688万元。1992年6月11日，经市国土部门批准征用项目建设用地，区政府采用以土地有偿转让收入，遵循城市建设“以地建城，以地养城”的方针开发华园新村。

芙蓉开发区又称芙蓉新村，位于西河芙蓉北路（原称乳韶路）以北、工业西路以南，土地面积17.36万平方米。1993年4月6日，武江区政府与韶关市城市建设规划局、韶关市国土局签订“关于联合开发土地合同书”，共同开发建设芙蓉新村。

桃源居开发区位于工业西路以北，原韶关市帆布厂临近的地段，原称冷水坑居民住宅开发小区，总面积6.48万平方米，建筑用地3.15万平方米。1993年3月20日，市国土局批准冷水坑地段《国有土地使用权出让开发合同》，建设民用住宅，使用年限70年。

（二）兴办科技工业园

武江科技工业园，是武江区委、区政府贯彻落实省委加快高速公路经济带建设的决策，按照市工作部署要求，自筹资金6000多万元，引进区外资金1000多万元人民币，于2001年开始规划建设。园区始终按照高质量的环境标准，高效益的经济目标，配套齐全的基础设施和方便快捷的内外交通要求建设。园区主干道路宽按30至50米设计，次干道路宽按20米设计，能保证集装箱车辆四车并行。园区鼓励信息技术、机械、制造、轻工、食品加工、精细化工、生物医药、建材（装饰材料、防水材料及其他新型材料）等产业进入，2003年建设初具规模。核鑫化工、韶瑞重工、通运达机器制造等一批企业入园。2004年，武江区政府在财政困难的情况下，仍拨出600万元专项建设资金，进一步完善园区的水、电、路的配套建设，增强园区的招商载体功能。当年即引进天工电器、华利迅机器、乐华德服饰、博士乐液压机械、恒强输送机械等一批电气、装备制造企业和轻工业项目。至2005年3月，签订投资合同16个，协议投资总额30630万元；签订意向投资项目3个，意向投资3.5亿元；核鑫化工、通运达、韶瑞重工、铁友机械和全力发电设备等5家企业建成投产，另有11家在建设中。至2006年12月底，落户企业增至18家，其中6家建成投产，4家即将投产，8家在建设中。鉴于市行政中心西移，工业园区内用地性质作了相应调整，部分工业用地转换为商贸用地，广州、中山等地多家实力雄厚的商贸集团公司争相入园投资，发展商贸物流业。

（三）规划广州大岗（武江）产业转移工业园

区委、区政府为贯彻落实省政府《关于我省山区及东西两翼与珠江三角洲联手推进产业转移的意见（试行）》文件精神，在创建科技工业园区的基础上，2005年在龙归镇选址规划广州大岗（武江）产业转移工业园，作为承接珠江三角洲地区产业转移的平台。2005年9月28日，区政府与广州番禺区大岗镇签订建设协议书，共同开发建设产业转移园，并纳入粤北工业开发区管理。《广州大岗（武江）产业转移工业园控制性详细规划》中明确产业转移园区范围主要包括水冲坪、寺前、九龙庙、龙归林场等12个村庄和一部分林业用地，规划总面积514.9公顷，首期开发面积149.7公顷。2005年11月15日，武江区政府、大岗镇政府成立广州大岗（武江）产业转移园区管理委员会，着手园区前期征地工作，组织开展前期招商洽谈活动。至2006年，信达企业香港有限公司、东日（香港）发展有限公司、广晟集团深圳兴邦实业投资有限公司3家投资规划较大的企业与园区签订了投资意向书。

（四）产业转移园区的开发与建设

构建“国道323线工业经济带”打造新型产业集群，是武江区委、区政府为加快工业产业转型升级，推动产业化进程的新举措。以国道323线为主轴，加快完善科技工业园建设，并开辟新的工业园区，为工业产业集群发展扩建更大的平台，努力把武江区科技工业园打造成为省高新技术科技园区的组成部分，把莞韶产业园甘棠、龙归片区打造成为环保涂料、五金家电集群为主的产学研一体的特色产业园区，尽快把三个园区打造为武江区振兴发展的重要载体。

2009年，经省委、省政府批准，韶关市成立东莞（韶关）产业转移工业园，武江区的阳山（原武江区科技工业园）、甘棠（原武江区产业转移园）等工业园区并入东莞（韶关）产业转移园，形成武江片区组团发展的新格局。

2009年6月20日，韶关市发展和改革局《关于东莞（韶关）

产业转移工业园甘棠片区基础建设项目可行性研究报告的批复》，同意开发建设东莞（韶关）产业转移工业园甘棠片区基础设施项目（规划面积467公顷），建设单位为武江区莞韶甘棠工业园投资有限公司，项目建设地点为武江区甘棠。韶关市政府《关于同意在莞韶产业园甘棠片区设立涂料化工园的批复》和《粤北工业开发区管委会关于提高全市产业聚集度、优化工业园区产业布局实施意见的通知》以及《关于同意在武江区龙归镇设立涂料化工基地的批复》，在武江区龙归镇原广州大岗（武江）产业转移工业园设立涂料化工基地，有力地支持武江区建设产业转移园区，实现跨越发展。

为了抢抓全国全省产业转移的机遇，实现武江区的新一轮发展，武江区委、区政府下决心举全区之力打造工业园区。2009年9月22日，韶关市政府《关于同意利用莞韶公司信用额度贷款的批复》，同意武江区利用东莞（韶关）产业转移工业园管委会下属莞韶公司的信用额度，向金融机构申请贷款1亿元，专门用于工业园甘棠片区红线范围内土地的征用补偿和基础设施配套建设，并以武江区沐溪水库165.1公顷土地作为抵押。2009年11月27日，武江区第七届人大常委会第十五次会议审议通过《关于东莞（韶关）产业转移工业园甘棠片区路网工程项目建设向金融机构融资的决议》，批准区政府确保园区开发建设资金的投入。区委、区政府还采取盘活自有资产与向金融机构争取信贷相结合的措施，实行市场化运作。区政府自筹资金5000万元投入园区建设。

武江区委、区政府在推动园区建设高潮的同时，掀起园区招商引资热潮。为缩短园区开发周期和减少开发成本，在园区还没有开工建设的不利条件下，决定实行“边筑巢边引凤”的做法。根据珠三角产业转移的态势和武江区位的特点，把招商重点锁定在技术含量高、占地少、污染小、创税多的环保涂料及与之相关联的家电、五金等行业。突出集群招商，产业链招商，引导企业抱团入园，抱团提升。在2010年1月召开的中共武江区委七届六次全会上，区委提出要“通过一到两年的努力，形成环保涂料等主导产业突出、上下游产业配套完善、超一百家企业组成的产业集群”。从2009年至2011年，先后引进并签约项目162个，投资规模约68亿元。2011年，武江区政府与中国涂料协会签约，共建“中国涂料产业创业新示范基地”，武江甘棠片区成为国内首个涂料产业创业新示范基地。

第三节 以壮大经济规模为目标，大力推进招商引资工作

一、开创招商引资良好局面

（一）改善招商投资软环境

改革开放初期，武江区经济发展虽然有较大进步，但对比珠三角地区差距还很大。从1996年开始，区委、区政府改变招商引资方式，把招商引资着力点转变到完善环境和服务上来，突出做到“诚、优、实、好”四个字，收到良好效果。

“诚”是以诚为本，以诚感人，以诚兴业。在洽谈项目时做到实事求是，诚心诚意，不隐瞒、不欺诈；在实施优惠政策上，坚持互惠互利，共求发展原则，适度让利，既算经济效益账，也算社会效益账。例如，香港镇泰玩具集团能够到韶关投资办厂，就是武江区的“诚”意留住了他们。

“优”是优良环境，优质服务，优秀业绩。做好全区现有土地、物业、资源、交通等方面的调查登记和统筹规划，便于外商和港澳台同胞随时查询；抓好社会治安、环境整治和道德文明建设，营造良好的法制环境，尽量让外商和港澳台同胞放心投资、安心生活；强化外事、侨务、侨联工作，以优质服务增强外商和港澳台同胞投资经商兴办实业的信心。

“实”是落实责任，务实工作，求实成效。健全招商引资责任

制，坚持“谁引进，谁负责，谁受益”的原则，落实各级招商引资的责任。同时加强与市直有关部门的工作配合，不断改善和优化区内道路交通、邮政电信、供水供电、市政工程建设硬环境。

“好”是做好服务，搞好管理，树好形象。在招商引资工作中，建立“一个窗口办事，一个口子收费，一条龙服务外商”的“三个一”工作制度。成立以区长为主任的外资企业管理委员会，统一组织协调招商引资工作。坚持唱好“三部曲”：一是全陪服务，不管外商与港澳台同胞投资与否，只要进入武江，就为其提供必要的服务，把诚意体现到工作、生活的每一个环节上；二是统办服务，在外商确定投资意向、正式签约后，由一个部门代办一切涉外和报批手续以及员工招聘；三是永久服务，境外企业进入运作之后，把他们作为武江的一员，关心、爱护和帮助他们，遇到困难随时提供帮助，为外商提供五星级服务的软环境。

（二）选准招商引资切入点

在招商引资工作中，区党政班子经过深入调查，反复研究，多方比较，既看到本区的优势，也摆正自身的不足。作为市辖区的武江具有比较理想的地缘优势，有城市作依托，区内交通、通信、供电、供水、饮食、旅业等基础设施比较完善，可以充分利用城市现有的各种功能开展招商；同时由于地处中心城市，能够较快地为境外投资企业招收劳动力。但不足之处也很明显，首先是区域面积小，可供境外投资企业选择投资的空间不大；其次是在土地资源合理安排上受韶关市城市规划制约，加上国土、工商、税务等工作部门由市垂直管理，政策调控能力相对较弱。

新形势下的招商引资从何下手？能否换一种思路拓宽开放之路？区委主要领导按照“摸清家底，以旧换新，再造生机”的灵活思路，率领有关部门广泛深入开展调查研究。韶关沛懋木业股份有限公司于1993年租赁省五建构件厂1万平方米闲置厂房，吸纳员工450人，生产家具半成品销往欧洲、日本、韩国等国家和地区，年创汇200多万元。区委领导从该公司的经验中得到启示：武江境内市属国有企业比较集中，在深化改革和市场竞争中遇到困难正待转型，其中不少企业已经停工停产，大量闲置厂房和素质较高的下岗职工在寻求出路。引进外商和港澳台同胞租赁闲置厂房办企业，既可“借船出海”发展自己，壮大本区经济阵容，又可节省境外企业的硬件投资，还能使市属国有企业的闲置厂房和下岗职工等资源得到重新配置，定将产生更大的经济效益和良好的社会效益，这是武江区一个巨大的潜在优势，也是招商引资一个新的切入点，有力地拓宽了招商引资思路。香港镇泰集团有限公司韶关玩具厂的建设和发展，就是武江区这一招商引资新思路的成功印证。

香港镇泰集团有限公司是香港生产规模较大的轻工企业之一，年产值达15亿港元。最初，该集团来韶关只是一般性、试探性考察。1996年4月，时任区委副书记、区长司庆伟得知香港镇泰集团有限公司到韶关考察办厂，便安排时任外经委主任朱小夏主动与之联系，提供投资环境、优惠政策、税收政策、进出口等方面的情况参考，诚恳磋商合作。5月底，香港镇泰集团有限公司董事长、广州市“荣誉市民”黄铁城和副董事长卢沃棠、苏纪英，广州镇泰集团有限公司总经理黄育文等专程到武江区考察。区委、区政府的诚恳、务实和优质的服务，增强了香港镇泰集团在韶投资办厂的信心，决定租赁南方技术开发总公司5843平方米的闲置厂房办厂。7月中旬双方正式签约，3个月建成镇泰韶关玩具厂，招收员工1500多名，年加工产值2000多万元人民币。1997年4月，该公司又投资租赁韶关市针织一厂3876平方米闲置厂房，新增员工600多名。同年，香港镇泰集团在西河镇建设路征购土地6.7公顷，投资1000万美元，建设现代化工厂，用工规模6000人，为当时韶关市规模最大的港资企业。

（三）招商引资取得实效

1992年10月，武江区与港商合作的3个项目奠基，一是与香港业盛发展有限公司龚庆韶投资合作兴建的华园新村住宅小区，计划投资7200万元人民币，合同利用外资（含港资）2500万港元；二是与香港彩星精工手袋厂巫尚谦、巫尚键合资兴办的韶关富勤皮革有限公司，投资总额100万美元，合同利用外资（含港资）51万美元，计划年产外销手提袋、银包等皮革制品12万件；三是与香港东利车房有限公司蔡润楷合资经营的韶关武江东利进口汽车维修中心，该项目利用外资（含港资）60万美元，引进先进设备和汽车零部件经营汽车维修业。

1994年6月，武江区组团参加在香港召开的“1994广东高新技术项目暨经贸洽谈会”，推出汽车改装、珠宝玉石加工、特种水泥生产和水上娱乐等一批招商项目，签订合同、协议4项，总投资额达1094万美元，合同利用外资（含港资）为675万美元。1994年10月17日至19日“第二届韶关招商节”中，签订合同3项，投资总额250万美元，利用外资（含港资）210万美元；签订协议意向3项，投资总额725万美元，其中外资（含港资）612万美元。

这一时期，武江区委、区政府较好地抓住机遇，充分利用区域优势，着重改善软硬投资环境，全力以赴以诚招商，以优质服务稳商，用扎实的工作实效吸引外商和港澳台商，开创了招商引资工作新局面。到1997年7月，全区已有外资（含港资）企业21家，生产型企业和第三产业企业比例为1∶2。其中第一、第二产业12家；引进了内资企业18家，总投资3100万元人民币；合资合作兴办2家工业项目，双方共同投资3500万元人民币。

二、扩大引进境外资本取得新进展

从1998年起，武江区委、区政府把大力引进境外资本作为优化区经济结构的一项主要战略措施抓得更紧更实。各级党委、政府和各部门，认真总结经验，建立和完善工作机制，落实“一个窗口办事、一个口子收费、一条龙服务”制度。全力提高办事效率和服务水平，为投资者提供优质、高效的服务。同时，进一步加强法制环境、社会环境的建设和管理，增强外商和港澳台商来区投资置业的信心。大力引进劳动密集型、资源开发型和“三高”（高产、高质、高经济效益）农业开发项目，扩大引进高新技术项目，提高利用境外资本的水平和档次，加快建立与区生产力水平相适应的国有、集体、民营和开放型经济共同发展的多元经济结构格局的步伐，增强整体经济实力。1999年，全区实际利用境外资金和外贸出口均保持高速增长态势，到6月，全区新签境外贸易合同项目3个，合同总投资2084万美元，合同利用境外资本1704万美元，全区实际利用境外资本1026万美元，完成年度任务的138%，境外贸易出口总值569万美元，完成年度任务的68%。香港五福珠宝有限公司投资5000万元港币建成水上世界后，又投资800万美元建设“江湾名庭”商住小区；光华五金塑胶有限公司增加投入40万美元扩建2000平方米的厂房；还有外商和港台商投入300多万美元引进配备高科技设备的自动绣花厂和投资200多万元人民币的雄力食品机械制造厂两个外资（含港资）项目。

2000—2001年，区委、区政府进一步实施外向带动战略，“走出去，请进来”，走出山门，推出武江。带着精心编印的《武江区招商指南》《武江区投资环境》《招商项目》，积极参加香港、广州、深圳、东莞等地各种经贸洽谈会、推介会，广泛宣传武江，并且进一步优化政策、生活、服务和社会环境，竭尽全力营造一个“企业发财、地方发展”的双赢大格局。2001年签订利用境外资本合同4宗，金额达815万美元。境外投资企业完成工业产值1.79亿元，上缴税收220万元。两年间，相继引进江湾名庭物业管理公司、日丰出口蔬菜公司、太阳城饮食娱乐广场、艺强人造首饰4个项目。镇泰公司、光华公司扩大生产规模之后，沛懋木业有限公司又新扩建厂房9800平方米，增设了家具自动喷漆生产线。

2002年4月12日，区委、区政府重新制订《武江区招商引资工作若干规定》，突出实施招商引资责任制和奖惩办法。全区上下掀起新一轮招商引资热潮。2002年1—6月全区新签投资项目17个，动工的10个；合同利用境外资金2335.6万美元，实际利用外资350万美元，比2001年同期增长57%；内联项目实际到位资金1.63亿元人民币，完成全年任务的133%。其中，引进资金500万美元以上的项目4个，1000万美元以上的项目2个。

三、拓展招商引资取得新突破

武江区委始终坚持把招商引资工作摆在全区经济工作的重要位置。以招商引资为突破口，以工业园区为载体，不断健全武江区招商引资的政策措施，不断优化招商引资软硬环境。“定时间，定人员，定任务，定经费，定奖惩”的“五定”措施，也进一步调动和激发招商引资的积极性；“走出去，请进来”，小分队招商，会展招商，很好地提高了招商引资的质量和水平。紧紧抓住“泛珠三角”“大珠三角”“红三角”区域合作和签署《内地与香港关于建立更紧密经贸关系的安排》（CEPA）的机遇，发展外源型经济，走新型工业化道路。主动承接更多的带动型、资源型、劳动密集型产业，力争引进一批知名企业，推动武江区产业发展壮大，迅速扩大经济总量。2003—2006年期间，共引进各类招商项目189个，实际到位资金35亿元人民币。

（一）完善招商引资工作机制

2002年，《武江区招商引资责任制考核制度》出台；成立区招商引资工作委员会，区政府主要领导任主任委员；设立招商引资服务中心，做好对外服务工作。成立由区四套班子领导成员任组长，由各部门负责人组成的25个招商小组，区财政为每个招商小组安排3万元工作经费。2003年非典型性肺炎时期，武江区适时调整招商引资工作策略，采取网上招商、传真资料、电话联络等方式进行招商洽谈，继续保持坚定的招商发展步伐。如参加2003年广东网上招商洽谈会，取得成效。武江区抓住世界卫生组织解除广东旅游警告的机遇，迅速出击2003年下半年的粤港洽谈会、日韩推介会、肇庆招商洽谈会和韶关市签约大会。2004年，探索创新“三个结合”招商引资新方法：一是全民招商与专业招商相结合。在发展全民招商的同时，挑选责任心强、素质高的专职人员组建招商小分队驻点招商。二是“走出去”洽谈与“请进来”考察相结合。参加了全省网上招商、首届山区产品采购大会、粤港经贸合作洽谈会、韶关香港经贸合作交流会以及省第三届“山洽会”。三是产业招商与零散招商相结合。围绕市委、市政府招商引资名录中的重点行业和领域，结合武江区实际，针对性地开展专业招商，提高招商效率，提升产业层次，延长产业链。进一步优化投资软环境，加强园区建设，搭建承接珠三角产业转移平台，以产业转移园区为载体，加强招商引资工作。

（二）落实招商引资工作

2002年全区新签订利用境外资金合同项目9个，合同利用境外资金4491万美元，实际利用境外资金1659万美元。内联新签合同项目28个，合同利用资金6.77亿元，实际到位项目27个，到位资金4.8亿元。其中，比较大的项目有：美国亨达有限公司投资3000万元港币，购地3.3公顷用于光华公司扩建厂房；总投资3000万元的深圳金鑫高吸水性树脂合成有限公司和分别投资1500万元的韶关通运大机械有限公司、韶瑞重工有限公司。从2002年开始，武江区政府加大武江科技工业园区的开发建设力度，“筑巢引凤”，到2003年初具规模，核鑫化工、韶瑞重工、通运达机器制造等一批企业进园投资置业。占地约1.33平方千米的甘棠工业园，实行区、镇、村三级联动招商，为招商引资拓展更大的发展空间。2003年全区新批外商和港澳台商投资项目9个，合同利用境外资金2948.17万美元，实际利用境外资金1710万美元；境外贸易口总额884万美元，同比增长353.4%；内联合同项目42宗，合同利用境外资金911731.5万元人民币，分别同比增长34.65%和60%。2004年，签约合作项目57个，合同总金额35.59亿元人民币。2005年9月，组织5家企业参加第二届中国中小企业博览会暨中法中小企业博览会；11月，组织3家企业参加“红三角”区域合作与发展论坛，为企业开拓市场拓展合作创造更加有利的条件，促进企业发展。全区引进境外资金企业项目1个，合同吸收资金466万美元，实际利用境外资金404万美元；内联招商新签合同28宗，合同利用资金7.84亿元人民币，实际到位资金7.56亿元人民币；境外贸易出口665万美元。2006年，组织多家企业参加韶关—广州经贸交流会、2006年粤港经济技术贸易交流会、第四届珠江三角洲地区与山区及东西两翼经济技术合作洽谈会及广东国际旅游文化节旅游招商会等经贸活动。其中，在第四届珠江三角洲地区与山区及东西两翼经济技术合作洽谈会上签订9个意向书、合同，总金额17亿元人民币。2006年，全区引进境外资金项目4个，合同吸收资金1421万美元，实际利用境外资金1404万美元；内联招商新签合同21个，合同利用资金20.4亿元人民币，实际到位资金8.42亿元人民币；外贸出口677万美元。

（三）推动形成新型产业集群

逐步形成建筑房地产业集群。从2000年起，区委、区政府就紧抓住韶关市城市中心西移的发展机遇，把做大做强建筑房地产业作为全区经济发展的龙头来抓。至2006年，全区共有36家房地产企业和17家建筑项目，2006年上缴税利9222万元。上交税利超过500万元的企业8家，其中广东方夏集团有限公司上缴税利超过1000万元。建筑房地产企业对武江区的贡献，占了全区财政总收入的半壁江山。

逐步形成高技术型产业集群。武江区在招商引资工作中，对技术含量高、资金密集度高、附加值高、污染少和能耗少的企业，积极引进；不利于可持续发展的项目，坚决不引进。至2006年，武江区的机械加工等装备制造业形成规模，具有较高的技术含量和市场竞争力，在省市都有一定的影响力。电子、医疗、生物等高技术型产业在武江区也得到一定发展。

园区产业集群初具雏形。从2002年开始，区委、区政府加大对园区的开发建设力度，园区建设取得实质性成效。签订了一批投资合同或意向投资项目，引进了一批企业入园置业发展。至2006年年底，已有18家企业落户园区，部分项目建成投产。

第四节 以增强经济活力为目标，推动个体私营经济快速发展

一、放手加快个体私营经济发展

个体私营经济主要包括个体工商户和私营企业两部分。建区初期，武江区的个体私营经济薄弱，发展缓慢。1985年末，全区仅有个体工商户686户，从业人员1109人，分别从事制衣、建筑、运输、竹木加工、饮食服务、日用百货等行业；个体私营企业37家，从业人员48人，主要从事矿山机械产品的研制、开发、生产、销售，工业总产值13.17万元。1987年，区委、区政府贯彻韶关市政府批转市工商局《关于加快我市个体经济发展意见的报告》，实施“国营、集体、个体一起上”的方针，放宽政策，允许一业为主，兼营其他，并鼓励农民“洗脚上田”进城务工经商。1987年，全区个体私营企业上升到106家，从业人员181人，工业总产值144.56万元。

（一）积极为个体工商户提供全方位服务

由于种种原因，前期的个体私营企业在经营发展中顾虑重重，价值观模糊。因而，建区后武江区委、区政府十分重视个体劳协的桥梁纽带作用，武江工商局通过个体劳协经常组织个体工商户学习国家政策和法律法规，不断提高个体工商户文明经商、依法经商的素质和觉悟，不断加强个体工商户的规范化、科学

化、系统化、制度化管理。1989年，为应对世界经济衰退形势，国家收紧银根，市场出现疲软，经济滑坡，个体私营经济发展停滞。区工商分局在有关部门的支持帮助下，从扩大市场硬件建设入手，扩大市场规模，拉动内需，新建各种个体摊位380个，面积4000多平方米，一下子就增加了370多户个体工商户入场经商。1990年和1991年，又根据个体工商户中反映的实际困难，为76户个体工商户和12户私营企业减免了管理费和场地租金，让涉及“五种行业”的147户个体工商户放开经营，完成芙蓉市场第一期扩建工程建设，调整市场布局，提高市场利用率。1990年个体工商户的户数、从业人员，从1989年的1618户、1564人，增加到1930户、3295人；1991年个体工商户的户数、从业人员，又从1990年的1930户、3295人，增加到2198户、3842人。

（二）认真帮助私营企业解决困难

在发展私营企业的过程中，私营企业者往往在场地、办证、资金、产品结构、销售渠道等方面都遇到不同程度的困难。区委、区政府充分发挥工商行政部门的作用，切实解决私营企业发展中存在的问题和困难。1987年，在经济体制改革中，对参与租赁经营的私营企业，武江工商分局都给予支持帮助，凡符合政策规定的，及时发证。1987年全区租赁企业共发展7户，其中个体私营租赁6户。与此同时，他们深入300多个企业调查研究，宣传党和国家的方针政策，帮助解决实际困难和问题。如新华劳动服务公司下属一家涂料组，生产的产品难以打入市场，企业要求改组为厂，但条件又不成熟，武江工商分局协助这家私营企业与劳动服务公司商量，解决场地和资金问题，并改变产品名称，之后，企业生产的产品很快打入市场，而且供不应求，经济效益明显上升。到1991年底，全区个体私营企业（工业）发展到281

户、从业人员891人、注册资金277万元、工业总产值816万元，比1985年建区初期分别增长近8倍、18.5倍、177倍和62.7倍。

二、全力推动非公有制经济迅速发展

1998年至2001年，武江区委、区政府认真贯彻执行市委、市政府《关于进一步加快个体私营经济发展的决定》，在对区属国有企业进行全面深化改革的同时，坚持把发展非公有制经济作为壮大全区整体实力的重要经济增长点紧抓不放，对民营企业做到思想上重视，政策上扶持，产业上引导，管理上加强。

为进一步解放思想，改善环境，鼓励和引导个体私营经济健康快速发展，1998年6月，区政府发布《关于进一步加快个体私营经济发展的若干规定》：（1）各级政府和有关部门要把进一步加快个体私营经济发展作为区新的经济增长点来抓，纳入社会经济发展总体规划。个体、私营企业与国有、集体企业享受同样的政治待遇。（2）区每年召开一至两次由区领导主持的专题会议，不断完善推动个体私营经济发展的规划措施，抓好督查落实。（3）凡是在区范围内兴办个体私营企业，一律实行“四不论”“五不限”，原国有企业下岗人员兴办个体私营企业，报工商部门备案后，可以试营业半年。试营业期间免收管理费，有关主管部门亦从试营业之日起免收半年行政事业性费用，并不得以任何行政手段或借口对个体私营企业“挤、卡、压”。一经发现，严肃处理。（4）鼓励支持个体私营经济参与国有企业的改革重组，可以向国有、集体企业投资参股，也可以购买、租赁或承包国有、集体中小企业。被购买的企业可以继续使用原企业名称。私营企业安置原国有或集体企业下岗职工占其企业总人数的60%以上并保持相对稳定的，两年内免交企业所得税。（5）鼓励和支持个体私营经济发展对外贸易。个体私营企业与外商及港澳台商合作、合资的“三资”企业或“三来一补”企业，享受国家规定的“三资”企业政策和区的有关优惠政策。因业务需要出国（境）的，有关部门协助其办理有关手续。（6）鼓励和支持个体私营经济投资开发“三高”农业。所有开发项目，自有收成年度起，免交农业特产税3年。个体私营企业以资金投入、农民以土地投入合办的股份制合作农场，给予返还不少于55%的育林金，其中经营面积1万亩以上的涉林企业经林业主管部门批准，可以给予木材自营权。（7）在武江区兴办个体私营经济并连续2年纳税5万元以上，而户籍不在本区的企业主或具有高级职称、或带有高新科技成果的人员，其本人和配偶及符合计划生育政策的未成年子女，均可入籍韶关。入户有关费用与国有企事业单位入户人员同等对待。符合国家现行职称政策规定的个体私营企业科技人员，在职称晋升考核与评聘中，与国有、集体企业的科技人员一视同仁。（8）各级政府及其有关主管部门在行政管理中，不得向个体工商户和私营企业乱收费、乱摊派、乱罚款，不得乱查扣，不得强制要求个体工商户和私营企业认购、搭配自己经营或指定经营的器材、设备等商品，从中牟利。（9）财政部门要安排一定的周转金，用于扶持效益好、有市场发展前景的个体私营企业。财政扶持高新科技产业发展的专项资金，也可用于扶持个体私营科技企业。（10）对贡献大、特别优秀的个体、私营经济界人士，要会同工商和统战部门将其推荐为区的人大代表或政协委员，充分发挥他们在参政议政中的作用，鼓励他们为发展社会主义市场经济做出更大的贡献。

为吸引更多民营企业在武江落户，除上述优惠条件、政治待遇、保护措施之外，区委、区政府还实施激励机制，每年拿出100万元表彰奖励遵纪守法、文明经营、依法纳税，为武江区经济发展做出较大贡献的个体工商户、民营企业。1998年6月19

日，在第一次表彰大会上，韶关烟草机械配件厂有限公司等10家优秀民营企业、成丰金属材料有限公司等14家先进民营企业、邱会英等20户优秀个体工商户、袁凤英等100户先进个体工商户、韶关市工商局武江区分局等7个扶持个体私营企业发展先进单位和刘潭玉等5位扶持个体私营企业发展先进个人受到表彰奖励。2001年第四次表彰大会对2000年度纳税50万至300万元的南枫置业有限公司等10户大户予以了表彰。并向全区发出号召，要求各级党委、政府继续认真贯彻落实《武江区关于进一步加快个体私营经济发展的若干规定》，努力营造一个良好的社会投资环境，促进全区个体私营经济持续、快速、健康发展，为武江区“两个文明”建设做出新的更大贡献。

三、坚持“十二字”方针发展民营经济

建区以来，发展经济，壮大区力，强基固本，更好更快地推动武江区社会主义现代化建设，全面建设小康社会，一直是武江区委“全区一盘棋发展”中的重中之重。在发展民营经济这项基础性经济中，武江区委始终坚持贯彻落实“鼓励、培育、引导、保护、扶持、服务”的“十二字”发展方针，解放思想，落实政策，全方位、宽领域、多层次地发展民营经济，做大做强民营企业。到2002年底，全区已有个体工商户2236户，从业人员5270人，注册资金2815万元；私营企业77户，从业人员900人，注册资金3012万元，注册资金100万元以上的13户。2006年末，全区民营企业471家；个体工商户4901户，与2002年末相比，增长119.2%。年纳税100万元以上的18家，年纳税500万元以上的7家，年纳税1000万元以上的1家，民营企业成为区域经济发展的主力军。

武江区主要抓住了四个方面的工作加快民营经济发展。第一，不断解放思想，提高认识，统一观点，营造齐抓共管发展民

营经济的氛围。首先是加强对中央和省、市各级对发展民营经济方针政策的宣讲贯彻，加强对民营经济是我国社会主义市场经济重要组成部分的再认识，彻底改变以往只靠国有企业发展的思想误区，把发展民营经济摆上各级领导的主要议事日程，充分调动方方面面的工作积极性，形成齐抓共管发展民营经济的合力。其次是加强领导，统筹兼顾。武江区发展民营企业领导小组实行领导与民营企业挂钩联系的工作制度，协调解决民营经济发展中存在的问题和困难，督促落实发展民营经济的各项政策、措施。制定《关于加快民营经济发展的若干规定》，为民营经济发展提供良好的发展环境。第二，加大扶持引导力度，创造良好的发展环境。按照“两个退出”要求对区属企业进行全面彻底改制，为民营经济的发展提供更大的发展空间。区建筑公司、房地产公司、武江水泥厂等区属企业改制转入民营。积极引导市场占有率较高的民营企业进一步做大、做强。南枫置业、金福园、茗苑置业有限公司等民营企业发展不断上规模、上档次、上水平。重视引导民营企业迈上高科技发展之路。鼓励企业加快技术创新，大力开发新产品，不断提高技术装备水平和产品科技含量。韶关烟草机械配件厂有限公司由简单的作坊式小厂发展成为科技含量高、附加值高的民营科技型企业。该公司2002年上缴国家税收达410万元。2003—2006年间，韶关烟草机械配件、韶瑞重工等5家企业先后建起了省、市级工程技术研发中心。小企业对技术发展的重视程度也在不断加深，大部分小企业安排专款和专人负责企业的技术进步工作。第三，不断提高民营企业的素质和地位，推动民营经济更加健康发展。武江区坚持每年隆重召开民营经济总结表彰大会，充分肯定民营经济为全区经济发展所做的贡献。一批民营经济人士有的当选区人大代表，有的任政协委员。第四，坚持“两个创新，一个促进”，促进民营经济大发展。坚持观念创新，充分认识发展民营经济的重要作用。坚持“不看成分看发展，不看性质看贡献”的原则，从根本上消除对民营企业的偏见、歧视，充分认识民营经济在社会主义市场经济发展中的重要作用。营造政治上认同、社会上尊重、政策上支持的良好社会氛围。坚持服务创新，营造民营经济发展的良好政策环境。建立为民营企业服务的中介机构和行业组织，切实转变作风，创新服务手段，提高办事效率；引导民营企业建立现代企业制度，提高管理水平；鼓励树立品牌意识，开展“创优质、创品牌”活动，把技术优势转化为竞争优势、市场优势，进一步提高市场竞争力。

四、构建西河商圈推动第三产业升级

武江区的建筑房地产业经过20年的快速发展，已建成鸿州花园、金泽园、山水华府、南枫碧水花城等80余个商住小区群，碧桂园、恒大、保利、宝能、富力等国内知名房地产企业也纷纷落户武江，耸立起市行政中心、芙蓉商务中心、武广高铁韶关站等三大功能性建筑群，武江区这一韶关市新的人口聚集地正在日新月异地变化。西河片区倚山商务酒店、东海假日酒店等一批星级商务酒店的落成，永安南城、沃尔玛、益华购物等国内外知名连锁超市兴旺，连锁经营、物流配送、微商电商等现代服务业的比重在武江迅速上升，红星美居、机电专业街、前进建材城等一批专业市场的成熟发展，以及湖南商会等楼宇经济的成片发展，武江城区孕育着现代经济的商圈效应。武江区委敏锐地判断经济形势，决定把打造西河商圈作为武江区新的经济增长点，全力推进。要求进一步改善西河商圈的营商环境，优化业态，培育大商家、大市场、大流通，加快推进“三旧”（旧城镇、旧厂房、旧村庄）改造，拓展新空间，促进商贸服务业大发展。

2006年12月，区第七次党代会提出“发达的服务业是现代经济的第一特征。要紧紧抓住芙蓉新城开发建设的契机，充分利用区位优势，积极发展现代服务业。以构建商贸物流中心为目标，培育壮大商贸龙头企业，加快发展专业市场型、产业基地型现代物流，积极推行连锁经营、配送代理等现代营销方式，巩固发展餐饮休闲旅游、批发零售等传统服务业”。武江区委、区政府通过实施“大物流、大商场、大酒店”战略，推动第三产业迅速发展。一批连锁经营、物流配送、商务、信息服务、法律服务等现代服务业在武江强势兴起，形成更大的商业带动效应，奠定了与市区“小岛商圈”相呼应的“西河商圈”。2008年开始，围绕“一城（芙蓉新城）、一圈（西河商圈）、一带（国道323线工业带）”的区域中心发展战略，以城市化带动产业化，以工业化促进城市化，加快发展新的城市经济。据调查，在“两化”的带动下，西河商圈中心商务区的大商场年交易量达200万笔，按照每笔6人次的商品流转统计惯例计算，平均每月人流量达100万人次。随着芙蓉新城开发建设的加快，西河商圈也迎来了加快发展的机遇。至2011年，芙蓉新城整体已现雏形，韶关市已经从“小岛时代”步入“芙蓉时代”，并形成更大更强的芙蓉商圈。西河商圈将成为“小岛”与“芙蓉”的连结点，并与芙蓉商圈形成一个传统服务业与现代服务业相互融合、相互繁荣的更大的城市现代化载体。

至2011年，西河商圈内已有8家大商场、12家连锁超市、8家大酒店、2条特色商业街和50多个住宅小区。其中，年营业额2000万元以上的流通企业3家，500万元以上的零售批发企业5家，500万元以上的餐饮服务性企业14家。区委、区政府还积极利用省“三旧”改造政策提升西河商圈的生态和人居环境，进一步做大西河商圈的城市商业经济，2011年申报“三旧”改造项目30个，同时着手打造粤北商业风情街等项目6个，向着更高的目标拓展西河商圈经济新领域。

第五节 以改善民生福祉为目标，推动社会各项事业改革发展

一、科技事业的改革发展

（一）重视科学技术的推广和应用

实施“星火计划”。1986年初，国家批准实施科技星火计划。“星火计划”是一项国家为振兴农村经济服务的科技开发与推广计划，通过科学技术向广大农村和乡镇企业的推广渗透，推动农村社会主义商品经济的发展。区科委在省市科委支持下，积极牵头与区有关部门协作，组织实施“星火计划”。武江区“星火计划”主要有2个项目：一个是南方化工厂的“固体水玻璃”生产。在市科委立项和资金方面的支持下，项目于1987年底动工，很快就生产出了符合国家标准要求的合格产品。但由于从开始就受到来自上下游原材料和市场竞争的制约，南方化工厂负亏生产，难以为继。后即使改用芒硝代替纯碱生产水玻璃，生产成本明显下降，但仍然无法承受激烈的市场竞争，最终停产。另一个是“罗氏沼虾”和“加州鲈鱼”的引进和繁育。3年小面积试验和扩大饲养获得成功。为全区水产养殖增加了新的优良品种。此外，蔬菜大棚温室育苗、水稻生长素、杂交玉米等试验也取得较好成果。

开展“科技兴农”活动。1990年起，武江区委、区政府成立

科技兴农领导小组，制定全区科技兴农计划，协调全区科技兴农工作。区、乡（镇）和各管理区办事处均明确配备一名科技副职领导，负责本级的具体科技兴农工作。一是加强科技宣传发动。利用会议宣讲动员，印发宣传资料，开展专业技术培训，提高全区广大农村基层干部和农民群众的科学技术认识，提高学习应用农业科技知识和农业先进技术成果的自觉性。青年农民中涌现出大量的“科学种养”积极分子，订阅《广东农民报》《广东科技报》以及《农村科技信息》等农业科技报刊。不少种养专业户和文化程度较高的青年农民还自购专业技术书籍，系统地学习农科知识和种养技术。广大农民群众渴求科学技术、依靠科学技术脱贫致富的强烈愿望，为全区开展“科技兴农”活动打下了良好的思想基础。二是搭建全区农村科技网络。乡镇建立农业科技推广站，落实人员编制和经费。管理区活跃着一批具有专业技术职称的农民技术员，还有经过多年生产经营实践，掌握一定农科技术的大批种养专业户，组成了连接省、市、区、乡镇、管理区和群众上下六级一呼百应的全区农村科技网络。改善了全区农业先进科技成果的推广机制，使全区农业先进科技成果和良种良法的试验示范以及推广应用工作有了立足生根的基石，为全区开展科技兴农活动创造了良好条件。三是引进推广良种良法。1990年，区委、区政府首次安排2万元科技经费，推动良种良法的引进示范和应用推广。进行了引进蔬菜新品种表证试验，塘鱼、家禽新品种养殖示范和果树新品种栽培等7项试验；推动应用“夏凉纱”栽培蔬菜及“丰收素”“丰产素”“多效唑”在水稻、蔬菜、花生、水果等生产上的应用等9项试验。1991年，区农委、妇联和团委以及乡、镇农技站等部门和单位密切配合，开展农业专业技术业务培训。累计举办各类专业培训班20多期，培训人员1300多人次。区科委、科协还深入管理区为干部群众举办专业培训班，效果良好。

（二）推进科技事业改革与发展

从1992年5月开始，武江区根据省、市统一部署，每年5—6月组织开展全区性“科技进步月活动”。积极开展科技下乡、科普进社区、科普图片展览等活动，并结合实际开办种植技术培训、畜牧水产养殖培训和其他职业技术培训。邀请省、市农科专家、教授举办农业科学技术讲座，传授有关葡萄、草莓、蔬菜选种和留种，水肥管理、轮间套种及农作物病虫害防治和农药种类的使用知识。各乡镇开办成人教育中心，开设政治、理论、水稻、畜牧、蔬菜、经济作物、化学、经营管理等专业课程，重点培训回乡务农的中学毕业生和种养专业户。城郊乡村按照“依托城市、服务城市、富裕农村”的要求，不断调整产业结构，先后引进推广蔬菜良种400公顷、水产养殖448公顷。

1994年12月起，武江区委、区政府按照中共中央、国务院《关于加强科学技术普及工作的若干意见》，组织各级领导干部学习《中华人民共和国科学技术法》《中华人民共和国农业技术推广法》，举办科技专题讲座，进一步提高干部群众的科技意识和法规意识。1994年，武江区以加强“菜篮子工程”建设为重点，引进意大利耐抽薹生菜、湘莲、反季节蔬菜品种；引进奥尼亚罗非鱼、尼罗罗非鱼，推广养殖优质白鲳193公顷、加州鲈鱼173公顷、罗非鱼267公顷；引进香猪、良种鸡苗。

1995年，武江区继续加大农村科普工作力度，开展乡镇“讲精神文明，比科技致富，创建科普文明村”活动。运用科普大赛、科普讲座、实用技术培训、科普电影等形式广泛宣传农业科技知识，发挥农村各类技术服务机构和农村专业技术协会以及专家技术人员的作用，传播普及先进适用技术，建立科学、文明、健康的生活方式，共同促进农村地区的社会全面进步。1995年先后举办各种类型的培训班20期。全区50多户养殖大户根据科技培训推广塘头栏舍配套建设，实行猪鱼、鸡鱼配套生产，立体养殖，良性循环，增加效益。引进一批西葫芦、矮生南瓜和意大利生菜等早熟蔬菜品种，引进夏阳白、耐热早熟西兰花和特选49芯19号菜蕊等反季节蔬菜品种，引进甜玉米和推广汕油513、粤油256及试种湛油12号等花生优良品种。

随着城市建成区不断扩大，考虑到武江区的农业种植面积不断缩减的实际，1996年，区委、区政府进一步狠抓科技投入，不断加大科技工作力度，促进城郊型农业向“三高”农业转型。每年拨出年财政收入的1%作为科技发展资金，用于农业科技项目的推广示范和应用，推广优质品种和先进技术，促进“三高”农业持续高效健康发展。进一步抓好科技示范村和科技专业户的培育。到1997年5月，全区已建有示范村26个，科技示范户56户，实现每个管理区有科技示范村1至2个；每村有示范户1至3户；年收入10万元以上种养专业户103户，其中年产值超过100万元的10户。

（三）制定实施武江区科技兴区战略

根据《中共广东省委、广东省人民政府关于依靠科技进步推动产业结构优化升级的决定》《韶关市关于依靠科技进步推动产业结构优化升级的意见》要求，2000年起，武江区委、区政府制定并组织实施具有武江特色的“科技兴区”战略，加快推动全区产业结构优化升级。

加强科技工作领导和管理。要做好科技工作，必须有党政领导的高度重视和大力支持。武江区成立科技工作领导小组，区长任组长，区、镇、村3级分派1名副职领导主管科技工作。定期召开科技工作领导小组会议，协调解决科技工作中遇到的有关问题。

落实科技责任制。制定有关科技进步责任制的政策及考核指标，切实把科技工作列入各级领导班子的重要议事日程和各级党政领导政绩考核的重要内容。同时指导制定了乡镇一级干部有关科技进步考核内容和指标、区科技执法岗位责任制和区科技执法责任实施方案。区党政领导主动关心、过问科技工作，及时协调解决工作中遇到的实际问题。很快就筹办起全区蔬菜科技示范基地。

健全科技管理机构。区、镇两级均设有相应的科技管理部门，配备了素质较高的专业科技管理人员。区科技局配备的5名干部中，3人具有本科学历，1人具有大专学历；高级职称1人，中级职称3人。西河、西联两镇下设的“六站一所”也配备了相应的技术人员，做到了有站址、有人员、有职责。

拓宽渠道增加科技投入。科技投入是科技进步的基础。区委、区政府不断拓宽科技投入渠道，逐步形成4个层次的科技投入格局，即区级财政投入，镇级财政投入，村委会投入，企业和社会的投入。随着人们科技意识的不断增强，全区各层次的科技投入也不断增大，特别是区级财政的科技投入，每年增幅都超过财政收入增长幅度。如1999年区财政的科技投入35.24万元（其中科技3项经费22.1万元），比1998年增长近1倍，大大高于区财政收入增长11.75%的幅度；落实科普经费3.4万元，人年均科普经费达0.23元。此外，西河、西联两镇也加大财政对科技的投入，1999年两镇科技投入合计达6万元。

依靠科技推动产业结构的优化升级。为高效利用农业资源，充分发挥城郊农业优势，区委、区政府制定“立足城郊优势，依靠科技进步，发展特色产业”的战略，采取有效措施，着力调整农业产业结构实现优化升级。一是抓“粮改菜”和山地开发，按

“宜菜则菜，宜鱼则鱼”的原则，引导农民调整种养结构，逐步实现由传统农业向城郊型“三高”农业发展。1999年全区“粮改菜”面积0.67平方千米。至2002年达2.33平方千米，占水田总面积的7.1%。二是抓品种改良，引进新优特品种，力求做到“人无我有，人有我优，人优我多，人多我转”。1999—2002年，全区引进各种蔬菜优新品种79个，良种蔬菜种植面积17.87平方千米，良种覆盖率达95%以上。推广“三元”杂交猪，良种猪饲养量达1400头，经市畜牧局检查验收，良种覆盖率达100%。自行孵化优质鱼苗，水产养殖良种覆盖率达80%。此外，推广水稻抛秧技术，抛秧面积2.33平方千米，占水稻总面积的7.1%，实现增产10%以上。三是扶持农业龙头企业和科技试验示范户、示范基地建设。明确“农户+基地+公司+市场”的农业产业化发展方向，重点扶持创办良种鸽场，万只养鸡场，万头良种猪场等。“一村一品”的特色专业村和13.33公顷的大型蔬菜科技试验示范基地，吸引了中日合资禾林农业技术有限公司投资建设具有省内先进水平的蔬菜大棚14个（面积2公顷），种植日本大葱、日本青紫苏等外销蔬菜，带动了周边农民种植，走上致富路。

（四）科技进步推动自主创新能力提升

2006年至2012年间，武江区的科技创新工作进一步取得了明显的成效。据2012年的统计，全区拥有7家高新技术企业，29家民营科技企业，12家研发中心或工程中心，分别占全市近40%、30%、40%的比例。同时，武江区还拥有全市30%以上的专利申请量。连续多年被评为全市科技先进单位，2008年被评为全省10个知识产权服务工作先进县区之一。

“十一五”规划之初，区政府就明确提出“科教兴区”的战略目标。为进一步推进“科教兴区”战略的实施，制定了《武江区“十一五”科技发展规划》。2008年，《武江区科技进步实施细则（暂行）》《武江区专利申请费用资助办法实施细则》《武江区2008—2012自主创新行动计划》相继出台实施，为推动全区自主创新、知识产权和科技工作的发展奠定了更加坚实的政策基础。建立党政领导挂钩科技示范点制度，区委书记、区长、分管科技工作的副区长分别挂钩联系一个科技示范点，带头抓科技示范工作。区政府专门成立具备科技成果转化推广、科技培训和咨询服务、项目调研等综合功能的武江区生产力促进中心，搭建起武江区科技网络服务平台。为进一步加强基层科技管理机构建设，区政府要求各乡镇、街道进一步明确管理科技工作的部门和职责，明确一名领导班子成员主管科技工作，设立知识产权工作联络员等，确保科技管理政策措施在基层的落实。区政府还结合每年的送科技下乡、科技进步活动月、科技集市、知识产权日等活动载体，充分利用电视、报纸、网络等新闻媒体，积极宣传《中华人民共和国科学技术进步法》《中华人民共和国促进科技成果转化法》《中华人民共和国专利法》等法律法规；结合全区工作重点，邀请专家学者举办专题科技讲座、报告，提高全区广大干部群众的科技意识，形成“学科学、用科学、爱科学”的社会氛围。

武江区委、区政府坚持把加大科技投入作为推动科技创新的基础性工作来抓。尤其是在通过专利资助机制和知识产权奖励机制帮扶和鼓励科技创新工作方面取得了明显成效。2008年，《武江区专利资助办法实施细则》明确：武江区辖内的合法单位和个人，可凭专利证书获得一次性资助，发明专利1000元、实用新型专利500元、外观专利200元。2011年，区政府决定对知识产权工作中取得优异成绩的单位和个人给予相应的奖励：（1）对申请国际专利（PCT）的给予每件奖励2万元。（2）对转化效果好、产品较好经济效益的单项专利给予奖励，产生经济效益100万元以上的奖励5000元；产生经济效益200万元以上的奖励1万元；产生经济效益500万元以上的奖励2万元。（3）鼓励企业自主创新，辖区企、事业单位年申请发明专利3件以上，或实用新型专利10件以上，或外观设计专利20件以上的给予奖励1万元；对年申请发明专利5件以上，或实用新型专利20件以上，或外观设计专利30件以上的给予奖励2万元；个人年专利申请达15件以上的，25件以上的，35件以上的分别奖励5000元、1万元、2万元。（4）鼓励辖区大专院校、中等职业学校（含中专、技校）以及中小学校申请专利。除全额补助申请费用外，对辖区学校师生每年申请专利5件以上（含5件）的奖励3000元，10件以上（含10件）奖励5000元。据统计，2010年以来，武江区对2009年以来获得受理的580多项专利进行了资助，资助金额达40多万元，极大地激发了技术创新积极性。全区专利申请量由2007年的59件上升到2012年的195件，增长了231%，连续多年居全市之首位。2006年至2012年期间，全区申请专利886件，占全市同期申报专利总量的30%。

为了充分发挥科学技术第一生产力的作用，武江区委、区政府把产学研相结合作为推进科技成果转化的重要途径之一。为在高校与企业之间搭建联系的桥梁，促进科技成果转化为社会生产力，武江区先后邀请华中科技大学机械科学工程学院、南京理工大学机械学院、湖南工程学院的专家教授与企业对接合作，现场就生产、研发、技术改进中遇到的问题，进行深入细致探讨，提出具体的解决思路和办法；同有关企业达成长期技术合作意向，推动院校科技成果的转化及与地方企业的深层次合作。产学研单位的合作为武江区的产业技术创新、促进企业做大做强注入了新的活力。东南轴承有限公司、韶关烟草机械配件厂有限公司、博士乐液压液压机械制造有限公司和韶关宏大齿轮有限公司等多家企业在产学研合作中受益匪浅。武江区还立足于科技项目的推广与示范，推进科技成果转化。区科技与农业部门合作的“养殖场废弃物综合治理与农村新能源的开发利用”项目经过两年的实践，成效明显。该项目以建设大中型沼气池为切入点，以改变农村生产生活方式，美化、亮化农村的生活环境，发展节约循环农业和节能减排、开辟农村新能源为重点，在大中型养殖场里推广建设。目前，该项目成果已在韶关市各大中型养殖场广泛推广应用，取得良好的社会效益和经济效益。此外，2006年以来，武江区科技部门、农业部门等多部门联合引进、推广农作物新优品种60多个，全区主要农作物新优品种覆盖率已达97%；推广先进生产技术10项，极大地提高了本区农产品的的产量和质量。

2017年，武江区全面推进企业自主创新、科技成果转化、知识产权和科技服务体系建设、农业科技推广再上新台阶，取得较好成效，自主创新能力不断提高。武江辖区企业单位共申报省、市科技项目20多项，其中获立项18项，争取上级资金900多万元；加大区级科技计划项目的资金扶持力度，通过评审下达区级科技项目11项，安排资金100多万元。丽珠利民制药厂与暨南大学等单位合作完成的“中药和天然药物的三萜及其皂苷成分研究与应用”项目获得2016年省科技进步一等奖，同时还获得2016年国家科技进步二等奖；辖区企业单位有23个项目获得了“2016年度韶关进步奖”，其中一等奖2项；二等奖8项；三等奖13项。2017年武江区有7家企业筹建并通过了市级工程研发中心认定，其中韶关市詹氏养蜂场蜂业有限公司的“蜂产品工程技术研究开发中心”还同时通过了省工程研发中心的认定。目前全区有省级工程中心7家，市级工程研发中心14家，创亿谷科技发展有限公司的“新农业创新创业园”、星火创客科技有限公司的“星火创客”首先通过了韶关市第一批科技孵化器认定;星火创客科技有限公司的“星火创客”还同时通过了韶关市第一批众创空间的认定；创亿谷科技发展有限公司的“新农业·创新创业园农业专业孵化器”被确定为2017 年广东省国家级孵化器培育单位，获得市补助资金94万元。

二、教育事业的改革发展

（一）基本普及九年义务教育与教育体制改革

基本普及义务教育。建区伊始，全区义务教育境况窘迫，近郊小学入学难，远郊小学毕业生升初中难，附设初中的小学还待“摘帽”，不少校舍老化危房多，部分师资水平不高。区委、区政府将这些问题逐一提上议事日程，依靠群众和社会集思广益落实解决。

区委、区政府领导深切意识到，多建学校，解决学校危房问题，搞好学校科学规划布局，是普及全区九年义务教育的关键。1984—1986年，由于全区学校不足，布局不合理，部分学校班额爆满，东岗和红星两所小学平均每个班60至70人，东岗小学有个班高达72人。班额过满，工作量大，任务过重，教师超负荷运转，教学质量难以保证，教师身体素质下降，患病住院增多，影响学校正常的教学工作安排。近郊小学的毕业生升初中问题基本能够解决，而远郊的芙蓉、岗背（今西联）、马停脚、下坑、田心、白芒、车头、沐溪、阳山、甘棠、黄塱等11个农村管理区的小学毕业生升初中就存在较大困难，因为当地没有正规的全日制中学。区委、区政府和区教育局积极主动加强与市的联系，采取增建、扩建学校和改造危房相结合的措施，争取尽快解决上述难题。1986年，市教委同意武江区委意见，将位于河西乡境内的市属第七中学改名为武江中学交由武江区管理，即解决了黄塱、田心、白芒、西联等小学附设初中“摘帽”问题，又实现了该地区小学毕业生全部升中学就读的愿望。1988年，西联镇政府征地8.8亩（0.59公顷），集资20万元支持市属第十一中学扩建，解决了阳山、沐溪、甘棠、岗背等管理区小学升初中的问题。争取财政拨款120万元，1987年8月建成黄田坝（今朝阳）小学、新华南（今金福园）小学，总投资65万元的全区6000多平方米学校危房改造工作于1991年完成。全区6500多名适龄儿童和青少年的九年义务教育问题全部解决。

针对建区初期部分学校民办教师多，教学业务水平不高的情况，1985年，区委、区政府和区教育局在鼓励和支持教师自学进修的同时，保送2名教师到大专院校脱产学习，支持12人大专函授、72人中专函授。1988年，继续选送10名小学教师骨干参加大专函授，并邀请广州市和本市教学业务水平较高的中小学教师到区开设业务讲座，传授经验。开展“最佳一节课”评比、青年教师业务“大比武”活动，在中、青年教师中开展“传、帮、带”活动，提高教学业务和研究水平。至1990年，全区有中小学教师432人（公办教师412人、民办教师20人），其中中学教师21人，具有大专文化以上14人，达标率66.7%，超过省级标准的60%；小学教师391人，具有大专文化以上48人、中专文化327人，达标率为95.9%，也超过省级标准。全区中小学教师中具有高级职称134人；小学一级教师157人，二、三级教师107人。1991年，全区中小学教师579人，其中获得专业职称的486人，其中小学高级教师84人、一级教师198人、二级教师146人；中学一级教师7人、二级教师2人、三级教师7人。

1984—1987年，武江区全区21所小学“四率”（入学率、巩固率、毕业率、普及率）均保持在97%以上，非正常流失率

（即“流失生”）只有0.31%左右。如1987年，全区小学“流失生”30人，占在校生的0.3%，均是远郊农村因超龄而在六年级退学和少数因家庭缺少劳动力、经济困难且年龄偏大而退学的学生。区委、区政府和区教育局重视学生流失问题，把它看作是普及九年制义务教育的“短板”，必须补齐，坚决实现全区基本普及九年制义务教育目标。一是各校建立“六册一表”（入学报名册、学生手册、课堂点名册、学生成绩册、少先队员花名册、困难学生家庭登记册和课程时间表）加强管理督查。每学期开学即对未报名注册的学生进行家访，找清原因，做好说服动员，保证复学。对经济上确有困难的学生给予免交学杂费等优惠。二是争取当地村委会支持，组织“帮工队”，为缺乏劳动力的学生家庭提供帮助。三是特殊情况特殊处理。如河西乡大村村委会反映张屋岭有个孤儿到入学年龄但经济困难的情况后，区民政局负责孩子的生活费，村委会负责孤儿的学杂费，学校解决学习的课本、文具，切实为孩子的读书学习提供了保障。

推动教育体制改革。1985年，区委、区政府根据《中共中央关于教育体制改革的决定》，试行校长负责制。全区中小学校实行“分级办学、分工管理”，乡镇成立教育委员会，管理区成立教育领导小组，对两个乡镇所辖的16所学校划分行政管理职责权限。城区5所小学分别成立“区域管理学校委员会”，动员社会力量参与教育，支持教育，树立全民办学的新观念。办好教育成为乡镇、管理区和城区街道、居委会以及驻区单位自己的事情，从领导上、经济上、物质上关心支持教育、办好学校。学校办学条件不断改善，从“一无两有”（学校无危房，每个班级有课室，每个学生有课桌椅）向“一无多有”的台阶攀登。河西乡向阳村委会1988年投资48.9万元为向阳小学建起一幢5层15间课室的教学楼；西联镇岗背村委会在资金紧缺的情况下，宁可干部少发工资和奖金，也挤出一定的资金支持西联小学改善校容校貌。1988年1月至1989年6月，全区共筹集资金99.61万元，修建教学楼房2347平方米，购置教学用具一批，为青少年就读提供了越来越好的环境和条件。

1988年下半年开始，全区21所中小学聘任21位校长，建立任期目标责任制，签订《校长任期目标责任书》，要求“校长任期责任目标的制订，必须符合规定程序，形成全体教职员工认同的办学目标；要有明确的办学思想、总体目标和清晰的阶段目标与工作任务，按总体目标推动年度目标的实现；任期目标中的发展目标要致力于学校办学特色和学校文化的形成，促进学校的科学发展，可持续发展；校长每年要依据责任目标达成情况向全体教职工述职；目标责任书执行过程中如需修改，必须向校党支部（总支）、教代会提出申请，经审议通过后报教育局；校长任期5年，如遇校长人事变动，目标责任书由继任人继续执行”。各学校在校长主导下制订管理细则，明确全体教职员工岗位职责，并制订各方面的工作制度，加强管理制度化。各学校教学秩序、校风校纪和教学水平有了长足的进步。

1991年始，全区各中小学进一步推行校长负责制和任期目标责任制，校长对学校实施全方位管理。各校还根据普及九年制义务教育有关文件精神，成立家长委员会和“家长学校”，建立学校、家长、社会教育网络关心支持学校建设。1989—1991年，城区东岗小学学生家长捐资13万元和水泥钢筋等物资一批，建成“四室一场”（图书室、仪器室、少先队活动室、体育室、运动场），添置彩电、放像机、幻灯投影机等教学仪器，有力地支持了教学水平、教育质量的不断提高。

1988年起，全区中小学始终把德育教育改革工作摆在重要议事日程，为培养“四有新人”夯实基础。建立由学校、班主任、团队、第二课堂、思想品德课，家长学校开设法规法制常识课等组成的多渠道教育体系，形成学校、家庭、社会齐抓共管的教育网络。把实施国家教委颁布的《中小学生教育纲要》《小学生日常行为规范》寓于各种教育活动中，给学生创造最佳的道德培养环境。开展“五爱”“文明小天使”及为残疾儿童、福利院老人送温暖活动，促使少年儿童学会理解、尊重、关心、帮助别人，培养良好的社会公德；开展“小考察”“小发明”“小实验”“小能手”活动，培养学生攀登科学高峰的理想；在公共环境中，引导做文明小乘客、小顾客、小观众、小游客，培养学生的文明行为与文明习惯。1988—1991年，全区学校深入开展劳动技能教育、家务模拟课和手工劳动课，激励学生全面健康成长。

1994年8月，武江区委按照中共中央《关于进一步加强和改进学校德育工作的若干意见》，进一步强化全区中小学校德育工作，开创学校德育建设新路子。红星小学把转化后进生作为学校德育工作的切入点，全体教师自觉参与后进生转化工作的系列活动；沐溪小学以团带队，发挥管理区团支部在育人工作中的作用，收到了良好效果；东岗小学充分利用校外育人因素，不断完善校外德育网络，依托社区办好家长学校，形成学校、家庭、社会齐抓共管、合力育人的德育特色；新华小学积极创建德育基地，与新华印刷厂、新华派出所、市交警二中队、省武警总队三支队组成文明共建单位，充分利用社会资源开展有声有色的教育活动；齿轮厂小学为培养学生讲文明、守纪律的良好习惯，坚持在学生中开展“创双好、讲四美”活动；黄田坝小学评选出10位“爱心献给他人”的十佳文明少年，在全体学生中开展学习“身边榜样”的活动；武江中学为了加强学生的廉洁教育，充分利用电教媒体，用典型事例对学生进行防微杜渐的廉洁教育。

全区学校体育课按国家体育锻炼标准进行教学，体育达标率逐年提高。自1994年起全区连续4年在韶关市体育比赛中获得前三名；连续两年在市辖三区网点对抗赛中分别夺得总分第一、二名；田径、足球等成绩也较好。全区学生素质明显提升，遵纪守法，尊师敬老，拾金不昧，见义勇为蔚然成风。1995年红星小学少先队大队部被评为广东省、韶关市德育教育先进单位。

1990年5月，区委、区政府推出《武江区中小学内部管理体制综合改革试行方案》，按国家教委和省委、省政府指示建立教育基金，开展奖教活动，学校奖教金按每位教师每年100元至400元幅度设立。采取“几个一点”的办法，有组织、有计划进行。区财政负责一点，乡镇财政负责一点，管理区（今为村委会）负责一点。远郊教师多补助，市区教师少补助。实施岗位责任和奖教金挂钩制度，有效调动了教师的教学积极性，教学质量显著提高。

（二）进一步促进教育事业改革与发展

从1992年起，武江区普教工作结合地方实际，逐步实施教育改革，有效推动教育工作的进步与发展。一是推进教育管理改革，继续推行中小学校校长负责制和任期目标责任制。二是加快办学体制改革，进一步改变政府包揽办学的状况，形成政府办学为主与社会各界参与办学相结合的新体制；同时推进学校内部管理体制改革，选择一至两所条件较好的学校进行“一包一奖”（学校正常教育经费包干、部分浮动工资奖励）的试点。三是小学教育贯彻市教研室修改后的《教学工作常规要求》，把教学常规作为学校重要工作，常抓不懈。1993年，区教育局组织东岗小学、红星小学开展为期3年的学校整体改革实验。

1995年，武江区实施“科教兴区”战略，以建设教育强区为目标，加大对教育事业的投入，改善办学条件，全区所有学校均按要求建有“多室一场”，在城区学校开设电脑室、语音室，教学手段逐步走向现代化；实施德育教育，提高教学质量，以学校为中心组建学校、家庭、社会三者结合的区域教育网络，形成全社会齐抓共管的教育工作新局面。其中，红星、东岗、向阳等小学的教学专题研究取得较大成果，应试教育向素质教育转轨的教改工作逐步深入。在1996年的全市“普九”复查验收中，武江区各项工作指标均达到省市的规定标准。

（三）创建广东省教育强区

2009年起，武江区教育事业发展进入新的历史时期——创建广东省教育强区。

建区以来，武江区始终把办好教育摆在优先发展的战略地位。在深化教育改革、保障教育投入、调整教育布局、优化教育环境、提升教育质量等方面，区委、区政府采取了一系列有效措施，形成教育与其他各项事业相互支撑、共同发展的格局。并把教育事业纳入全区经济社会发展总体规划，制定实施《韶关市武江区教育现代化建设纲要（2005～2020年）》《韶关市武江区教育事业“十二五”发展规划》，明确提出2011年在全市率先实现创建省教育强区、2015年初步实现教育现代化的目标。成立了创建省教育强区工作领导小组，制定了《武江区创建省教育强区工作方案》，建立了四套班子成员、区直单位联系挂钩学校开展创建工作的制度。召开教育创强动员大会，举办大型创强募捐晚会，编印《创强简报》，出版《创强专刊》，组稿在《韶关日报》开设专版，印发《武江开展教育发展资金募捐倡议书》，制作宣传广告，拍摄创强专题片，宣传创强意义，反映创强动态，报道创强亮点，营造人人关心教育、参与教育、支持教育的良好氛围。

不断加大对教育的投入，确保“两个提高”“三个增长”。

2009年、2010年、2011年，教育财政拨款分别为12136万元、14018万元、17027万元，分别比上年增长6.93%、15.51%、21.47%，教育投入增长率高于全区财政经常性收入增长率，预算内教育经费占财政总支出的比例，每年都在40%以上。生均教育经费分别为2856元、3179元、3768元；生均公用经费分别为506元、675元、965元；生均教育经费、生均公用经费逐年增长。驻区单位、企业、各界人士热心捐款助教，争取上级支持。2009年以来，全区共投入1.1亿元用于改善办学条件。

启动创建教育强区工作前，全区有中小学58所（含教学点），布局不科学，力量不均衡。部分边远学校规模小，功能不足，教学设施设备参差不齐，素质教育捉襟见肘，与均衡化教育要求差距较大。创建教育强区工作甫一启动，就先后撤并了新华小学、芙蓉山小学、一棉小学、龙归二中等28所学校（含教学点），学校布局明显趋于合理，均衡化教育有了较大进步。

建设省义务教育规范化学校。投入6000多万元新建武江中学教学楼和学生宿舍楼，扩建、维修沐溪小学、江湾中心小学、龙归中学，扩大校园面积4760平方米，新增建筑面积22234平方米；投入2500多万元配置各中小学校电脑室、电教室、多媒体教学平台，安装校园网，建立初中理化生实验室，补充教学仪器设备，安装校园监控系统。省义务教育规范化学校由创强前的3所增加到26所，占全区29所的90%。完成了2009年、2010年度义务教育规范化学校建设省级专项资金项目——龙归中学教学楼；完成了规范化中心幼儿园项目——改建重阳镇中心幼儿园；完成了义务教育规范化学校项目——全区10所学校23个建设项目。

实施名师工程，着力提高校长和教师队伍素质。多年来，区紧密结合基础教育课程改革，着力培养名校长、名教师和学科带头人。坚持办好每一年度的校长培训班和选派校长参加各级培训班，实施校长任期目标考核制度，开展“名校长”“名教师”“学科带头人”评选活动，开展评优课、示范课、论文评比等教学教研活动，实施“传、帮、带”，培养名教师和学科带头人；通过人才引进优化队伍结构，启动创强工作3年来，面向社会择优招录了134名教师。至2011年，全区学校拥有市级以上教育专家2人，高级以上名校长6人，高级以上名教师6人，区级以上骨干教师206人；全区幼儿园、小学教师学历100%达标。

实行交流制度，建立城乡教育互动平台。为了促进义务教育的均衡发展，缩小城乡教育差距，制定和完善了教师交流制度，为城乡教师学习互动搭建平台。开展“校际扶助联合体”活动，以第九中学、东岗小学、红星小学为龙头学校，分别与部分学校结对帮扶；建立教师交流制度，把城镇教师到农村支教纳入职称评定的条件之一。

求真务实，推进阳光教育。武江区注重新时期德育工作的针对性、创新性、实效性研究，不断探索德育教育的新模式、新方法、新渠道，坚持开展学生军训和德育主题教育实践活动。建立健全学校家庭和社会三位一体的德育工作网络，通过家访、电信和校讯通等方式加强学校与家庭的联系，充分发挥关工委、交警、法制、公安、妇联、卫生等部门、组织的职能作用，共同加强学生的思想品德、健康卫生、交通安全、遵纪守法等教育。充分挖掘校内外各种德育教育资源，加强“教育性、特色性、艺术性”校园文化建设，融合德育教育、特色教育与校园文化，相互促进。同时，重视师生心理健康教育。

深化教改，全面推进素质教育。全区教育系统严格执行省课程计划，贯彻落实《韶关市中小学教学常规》，组织实施《武江中小学教育教学工作考评方案》《中小学优秀课例评选办法》《中小学教育科研成果奖励办法》《中小学期末教学质量抽检制度》，通过“送教下乡”“教师成长伙伴计划”活动、优质课评比、备考研究等方式，开展教研活动，促进教师的教研交流，共同关注课堂教学的有效性和高效性，加强对教学工作的指引和督导；通过年度教学工作考核评估工作，加强教学管理、规范教学行为，将教学工作的各项要求落到实处；启动教育创强工作以来的3年，全区中小学学科竞赛获国家级奖41人次，省级奖117人次，市级奖399人次；电脑制作竞赛获省级奖9人次，市级奖201人次；文艺竞赛获国际级奖3项，国家级奖47项，省级奖56项，市级奖51项；体育竞赛获国际级奖5项，国家级奖4项，省级奖21项，市级奖84项。

科学引领，促进校本教研创新。武江区是第一批省课改实验区，也是“广东省创建以校为本考研制度建设基地”。区重视科学引领，促进校本考研创新，创建省教育强区的3年来，全区各中小学拥有国家、省、市级教学科研课题118个，国家、省、市级教师论文438篇，教师教学设计、课例获得国家、省、市级奖项281篇，软件制作获得省、市级奖项53件，文艺、体育竞赛获得国际、国家、省、市级奖项79项。武江区本着“校校有特色，人人有特长”的发展思路，打造出如市五中的足球、集邮，市十一中的花样跳绳，市十五中定向越野，东岗小学的乒乓球，华泰小学和田家炳小学的舞蹈，红星小学的田径，向阳小学的抖空竹，黄田坝小学的美术等一批学校特色项目。

不断巩固义务教育。区委、区政府认真贯彻《中华人民共和国义务教育法》，将防流控辍（防止学生流失控制辍学）和扶助困难学生纳入政府督办项目，把保障困难家庭子女受教育权利作为一项重点民心工程，切实落实义务教育、困难家庭子女补助制度。把进城务工农民子女的教育纳入教育范畴，全力解决外来务工人员子女入学问题，对符合条件的外来务工人员子女，享受与本地户籍学生相同的减免学杂费政策。2009年、2010年、2011年，分别解决了非武江户籍学生3572人、4374人、7385人的入读就学。全区小学适龄儿童入学率、初中入学率、“三残”（智残、体残、肢残）儿童入学率均为100%，高中毛入学率94.2%。

大力发展学前教育。贯彻落实省政府《关于加快我省学前教育发展的实施意见》，制定并实施学前三年行动计划。规范幼儿园办园行为，加快提升办园水平，形成了以公办幼儿园为示范，以民办幼儿园为主体的幼儿教育格局。三年来，全区社会投资2500万元新建幼儿园和改善办园条件。

努力提升高中教育。韶关市第五中学是武江区唯一一所高中学校。区委、区政府认真贯彻省《关于提升500所普通高中办学水平的指导意见》，立足发展优势和特色，迅速提升韶关市第五中学的办学水平。近几年韶关市第五中学高考上线率逐年提高，居市区普通高中前列，社会声誉良好。

积极开展成人教育。做好失业再就业和农民工培训工作，与区域内的省、市中等职业技术学校合作，对农村劳动力、下岗失业人员和外来务工人员进行就业和再就业培训，不断提高他们的就业能力和生活水平。

2011年9月，武江区向省政府教育督导室申报教育强区督导验收。2012年3月，广东省教育创强验收组依照《广东省教育强县（市、区）督导验收方案》的各项指标，对武江区的教育创强工作进行了全面的验收，武江区创建广东省教育强区工作一次性通过验收，成为韶关市首个省级教育强区。9月，西河镇通过省专家组创强验收，武江区成为韶关市第一个所有镇（街）均成功创建省教育强镇（街）的区县。

2017年，武江区共有中小学28所，其中，完全小学20所（另有教学点11个），初级中学6所，九年一贯制学校2所。截至

2017年底，全区学校在职教职工1622人，义务教育阶段中小学生32502人。

三、文化事业的改革发展

改革开放以来，区委、区政府重视文化事业发展，辖内城区有线电视基本取代无线电视，并逐步延伸到周边农村。至1992年底，武江区城乡结合部的向阳、红星、朝阳、前进等行政村农户，已全部普及有线电视。经济条件好的行政村，采取集体、个人共同投入的方法安装有线电视。1993年，区委宣传部会同区文化局，发起为基层文化室捐书活动，农村管理区共获得捐赠图书2000余册。1994年，区、镇（办）成立二级文化站，为群众提供图书阅览、棋牌活动。1996年，武江区积极发展农村文化事业，不断丰富农民业余文化生活。一是完善基层文化基础设施建设，乡镇、街道建立综合文化站，管理区（村委）和社区建立文化室。二是扎实推进乡镇文化站建设、村级文化活动器材配送等文化项目建设，农村群众阅读状况明显改善。

武江境内民间文化活动活跃。群众性山歌、武术、舞狮、民间舞蹈、歌咏、话剧演出等遍布城乡。区域内校园文化、乡村文化、企业文化和机关文化等多层次、多样式的文化活动蓬勃发展。1992年以来在重大节日期间，区有关部门都会联合开展丰富多彩的文化活动，并在各类文艺比赛中获奖。其中，1992年，红星小学的文艺节目在韶关市第三届少儿花会获二等奖；1994年，红星小学和东岗小学的2个节目被市选送参加省第二届少儿舞蹈花会。从1984年至2004年，武江区举办全区性的大型文艺演出10场，基层单位自行组织的文艺演出80场，组织到市中山公园文化广场演出5场，组织参加市文艺调演6次，参加省文艺调演2次。制作彩车参加市大型游艺活动2次，举办全区性的美术、摄影展览12场。2005年元旦、春节期间，组织辖区内的群众参加市文化广电新闻出版局、市群众艺术馆联合举办的客家山歌大赛、文化广场青年歌手大赛等系列文化广场活动，分别获得二、三等奖。2005年国庆期间，新华、惠民街道社区艺术团体参加全市集体舞大赛获得金、银奖及组织奖。开展“文化下乡”活动，将精彩的文艺节目送到农民大众身边；组织乡镇、街道、学校、机关、企业等系统开展各类文艺演出，丰富青少年和干部职工的文化生活。形式多样、健康有益的群众性文化活动，提高了公民思想道德和科学文化素质，营造了健康向上、文明和谐的文化氛围。

四、医疗卫生事业的改革发展

（一）初步建立医疗卫生体系

1987年，区委、区政府和区卫生局针对全区21个农村管理区（行政村）、“合作医疗站”（卫生站）、“赤脚医生”（乡村医生）、接生员和个体开业行医人员复杂、素质参差不齐的状况，按照《广东省个体医生和联合医疗机构管理规定》进行整顿和严格审核。对经考试考核取得乡村医生资格的11名卫生人员颁发了“乡村医生证书”，给向阳、红星等11个村12个站颁发了“广东省农村卫生站证书”，给马停脚等3个村颁发了临时办站证。全区农村医疗向着有医、有药、有防、有治、有机构、有管理的“六有”方向发展。为进一步加强对乡村医生和个体开业医生的管理，1987年6月，武江区会同北江、浈江区正式成立韶关市区社会医疗机构工作者协会。

1992年1月，根据中华人民共和国卫生部的统一部署，武江区作为全国监测点之一，开展5岁以下死亡儿童监测工作。粤北人民医院、市妇幼保健院和武江区人民医院等9个医疗保健单位和区辖镇、街道办事处、村（居）委会承担、参与监测工作。1993年，武江区把转换医院经营机制作为改革的重点，实施“达标上等”分级改革，实现医疗、卫生资源统筹规划，通过合并、兼并、撤销、转向等方式进行调整。设立卫生防疫妇幼保健站，重点负责区辖两镇的卫生防疫工作。

1994年6月18日，武江区境发生百年不遇特大洪水，糖寮、什石园、黄塱、下坑、塘湾、黄田坝、村头、大村等8个农村管理区严重受灾，在抗洪救灾中，区卫生局及时组织医疗队组深入到灾区诊治伤病员，对污染环境进行消毒杀菌处理，指导农村卫生站乡村医生积极做好疫情防治工作。

1995年开始，武江区进一步加强镇、村卫生站（所）建设，改革乡镇卫生院管理体制，提高镇、村公共卫生和预防服务能力。区卫生主管部门对全区农村卫生站重新进行审核、注册、发证，并按“甲级卫生室”的标准进行严格审验。同年7月，位于武江区乳韶路（今芙蓉北路）的市收容中转站，出现霍乱疫情症状30余例，其中20余例为带菌者。区政府拨出专款3000元，并组织卫生防疫人员及时有效地控制了疫情蔓延。

（二）建立新型农村合作医疗制度

1994年初，武江区在推进新农村建设过程中，着手进行新型农村合作医疗保险制度改革。新型农村合作医疗制度（简称“新农合”）是由政府组织、引导、支持，农民自愿参加，个人、集体和政府多方筹资，以大病统筹为主的农民医疗互助共济制度。新型农村合作医疗制度的实施，可以帮助农民抵御重大疾病风险，缓解农民因病致贫、因病返贫的问题。至1997年，全区农村常住人口参合率100%，农民受益率达35%以上，并为缓解部分慢性疾病患者就医的经济压力，开始对肿瘤放化疗、尿毒症透析、再障贫血病人的输血治疗实行门诊累计，按住院比例报销。

1998年1月，区政府制定《武江区农村合作医疗发展规划》。积极稳妥地推行农村合作医疗，保障农民身体健康，促进农村经济、社会和医疗卫生事业的发展，实现人人享有卫生保健，防止农民“因病致贫”。成立武江区农村合作医疗工作领导小组，各乡镇也建立起相应的合作医疗领导小组和办事机构。分别制订发展和完善农村合作医疗制度实施细则，在塘湾、大村、村头、马屋、黄塱、沐溪、阳山、甘棠、赤水、下胡10个管理区（村委会）试点。到1998年底，全区共有14个行政村建立合作医疗制度，参加合作医疗人数11602人，占农村总人口50.3%。

1999年5月，武江区再次抽调人员组成农村合作医疗工作组，深入镇、村协助工作。采取分片包干办法，明确任务，责任到人。建立健全具体细致操作性强的镇村两级合作医疗管理制度、报销制度、监督制度、转诊住院制度、处方管理制度、服务态度规范等相关的规章制度，设立专户、专账、专人管理资金，制度上墙，无距离接受群众监督，保证了农村合作医疗工作的健康有序发展。至2000年底，全区22个行政村建立合作医疗制度，地域覆盖率100%；参加合作医疗人数20804人，占农村人数的90.2%。2001年，武江区农村合作医疗更进一步，全区农村人口22866人，实际参加农村合作医疗人口21142人，占全区农村人口的92.46%。是年，武江区被市政府授予“韶关市完成三年农村合作医疗规划目标任务先进区”。

2013年2月1日，新型农村合作医疗工作顺利移交人社部门管理。

（三）推进武江区医疗卫生体系发展

2002年的武江区基层医疗基础建设状况是：区人民医院1

所，农村卫生站20个，个体诊所39家，厂矿、学校医务室55间，社区服务站3个。到11月，韶关市卫生局确定增建武江区惠民工业路社区卫生服务中心（市职业病防治医院承担）、武江区惠民北社区卫生服务中心（粤北二院结防所承担）、武江区新华北社区卫生服务中心（市中医院承担）和武江区新华南社区卫生服务中心（韶关卫生学校门诊承担）等4个社区卫生服务中心。至2002年底，全区农村自来水受益人口16459人，占农村总人口的79.83%，基本达到了省、市“十五”规划目标要求。至“十五”末期，武江区有各类卫生机构51个，其中，区医院1间，卫生站47间，病床66张，从业人员180人。区政府投入400多万元对区医院、龙归卫生院、江湾卫生院、重阳卫生院等医疗单位进行医疗环境改造和医疗设备更新。2006年参加农村合作医疗51525人，占农村总人口的68.8%。2006年1月至12月，享受农村合作医疗补偿的农民1954人，住院补偿金额1610761元；合作医疗保障金资助1596人参加农村合作医疗，支付15960元；实施大病救助15户，拨付金额22773元。

2016年，武江区属5个医疗单位职工总数213人，其中卫生技术人员185人，占职工总人数的86.85%（其中高级职称6人，占卫生技术人员的3.24%；中级职称56人，占卫生技术人员的30.27%；初级职称122人，占卫生技术人员的65.95%）。区属医疗单位开设病床200张，其中新华、惠民两个街道社区卫生服务中心病床各50张，三个镇卫生院病床共100张。区属5个医疗单位门诊总量221728人次，其中新华街道社区卫生服务中心41849人次，惠民街道社区卫生服务中心104476人次，龙归镇中心卫生院44172人次，重阳卫生院24241人次，江湾卫生院6990人次。出院人数共计4937人次，抢救急危重病人32例，抢救成功29例，抢救成功率90.63%。

五、体育事业的改革发展

（一）开展全民体育运动

1986年，武江区体育运动委员会成立后，充分利用驻区机关单位、企业、学校和新建住宅小区的运动场地体育设施，因地制宜，就简去繁，千方百计推动职工体育、学校体育、农村体育和老年体育运动的开展，推动全民健身活动的发展。

1986年11月，区委、区政府采取“民办公助，自筹资金，加强合作，办好球赛”的方法，举办了武江区首届篮球赛，增进驻区中、省、市属单位与区属机关部门单位的相互了解和团结协作，为进一步开展全民体育运动打下坚实基础。此后，全区体育活动更为活跃。1989年，区首届运动会即设有男女子篮球、拔河、男女子乒乓球单打、羽毛球单打、中国象棋、跳绳等6个项目比赛。同年区第二届乒乓球赛就有18个单位、113人参加。1990年的区属机关中国象棋赛，有32个单位、42人参加竞赛。

建区以后，各学校广泛开展体育竞技和体育锻炼达标活动，组织学校运动队训练和体育竞赛。1987年4月，新华小学参加韶关市少年足球赛，获得男子足球第1名；1990年韶关市小学生棋类赛，东岗小学张慧获得少年女子国际象棋第1名、新华小学邓美薇获得女子围棋第1名。全区中、小学常年坚持“两操”（早操、课间操或眼保健操）和“两活动”（每周两节课外体育活动），全区在校学生体育锻炼达到标准的占98.3%。1991年，东岗、红星、新华、黄田坝4所小学分别被韶关市定为田径、棋类、羽毛球、乒乓球训练网点，为上一级体校输送击剑运动员2名、游泳运动员1名、射击运动员2名，为省体校输送运动员1名。

农村体育运动深入发展。全区农村社区普遍设有舞狮、武术、登山、拔河、篮球、乒乓球等传统体育项目。1998年举办的武江区第一届农民运动会上，即设有篮球、乒乓球、自行车、射击4个比赛项目。全区21个农村管理区参加。1998年3月，区政府组队参加韶关市首届农民运动会，男子自行车负重50公斤25千米荣获第1名，女子空车25千米荣获第1名和第7名，并代表市参加1998年5月的广东省农民运动会。在省农民运动会上，西联镇农民吴益昌、朱瑞义、邝细兰，分别获得自行车赛男子第3、4名和女子第3名。1990年区组队参加韶关市农民篮球、象棋赛，获象棋团体第2名。

为更好地组织老年人参加体育锻炼，丰富老年人晚年文体生活，区政府于1987年成立“武江区老年人体育协会”，开展门球、太极拳、太极剑、气功、乒乓球、羽毛球、跳秧歌舞、登山、健步走、钓鱼和象棋等适合老年人锻炼身体和智力的体育活动。1991年，区老年门球队参加韶关市100队门球赛，获得第3名。

（二）创建“广东省体育先进区”促进体育事业发展

武江区从2008年开始启动创建“广东省体育先进区”工作。2012年9月4日，通过省体育局的检查验收，被省体育局授予“广东省体育先进区”称号。

领导重视，健全机构，切实加强对体育工作的领导。区委、区政府坚持把发展体育事业纳入全区国民经济和社会发展规划、作为精神文明建设的重要内容摆上工作日程。做到四个确保：一是认真研究部署体育建设工作，确保体育事业健康发展。二是政府主要领导亲自挂帅，确保创建工作有强有力的组织领导。三是健全各级体育组织管理机构，确保体育机构高效运作。四是把体育事业经费纳入区财政预算，确保资金投入逐年增加。2011年以来，武江区财政安排的体育事业经费年均增长110%，2009年区体育事业经费达到常住人口人均5.25元。2010年区体育事业经费达到常住人口人均11.33元。

为满足广大人民群众日益增长的体育健身需求，武江区把加强体育设施建设作为一项民心工程来抓，多渠道筹措资金，不断完善辖区体育设施建设。2009年9月区政府投资1000多万元，新建武江区体育馆。该体育活动中心集健身、训练、竞赛、娱乐于一体，占地面积3890多平方米，内设健身房、羽毛球馆、篮球馆、乒乓球室、桌球室等。同时，区政府筹措投资1500多万元，兴建了西河全民健身广场、西郊全民健身广场、教育路全民健身广场。各镇、办事处、区直单位和驻区单位也想方设法筹集资金，因地制宜，在社区、机关大院等地建设体育设施。各镇均建有1个以上的标准篮球场和40平方米以上的活动室，街道办事处固定体育活动场地达1500平方米以上，各单位的体育设施均达到创建省体育先进区标准。全区还新增了一批民营体育场馆、体育俱乐部，新开发的商住小区普遍配套设计建成健身室、康体室、会所、游泳池等体育设施。至2012年7月，辖区内有体育馆3座，游泳池3个，标准田径场1个，非标准田径场42个，标准篮球场160多个，乒乓球、羽毛球、排球等场馆100多个。全区体育设施面积达455600平方米，人均活动面积达1.76平方米。

随着辖区体育设施的不断完善以及群众健康意识的提高和生活方式的转变，武江区群众性体育活动蓬勃开展，群众体育活动形成了多样化、社会化、制度化的良好局面。据统计，2009年全区体育人口约12.5万人，占全区总人口的48.3%，2010年全区体育人口上升到15.5万人，占全区总人口的60%。

主办体育比赛和参赛水平上新台阶。至2012年7月，武江区共举办了各项体育比赛20余次，2011年7月又成功承办韶关市青少年跆拳道锦标赛。2012年初，武江区举办了武江区迎新春运动会，19个代表团1000多名运动员参赛。社区体育有新亮点。各镇、办事处每年都举行有篮球、羽毛球、乒乓球、田径、象棋、拔河等项目的综合性群众体育运动会。一些社区还因地制宜开展各类趣味接力赛、二人三足跑、自行车慢行等娱乐性运动会。2008年以来，辖区各街道办事处积极开展国家、省级体育先进社区创建活动，惠民、新华2个街道办事处先后被评为国家、省级体育先进社区，创建率达100%；2009年惠民街道办事处沙湖社区居委会被评为全国城市群众体育先进单位。

体育竞技水平明显提高。武江区高度重视业余体校的建设，成立了武江区业余体育运动学校。区体育局与区教育局联合成立业余训练网点校，训练项目均附属在区属中小学内开展，每年都在全区各中小学选拔一批体育苗子输送到省、市试训。同时注重发展优势项目和重点竞技体育项目，适当增加有发展潜力和成才周期短的运动项目，扩大参赛覆盖面和竞争点，适应竞技体育的协调发展。目前，武江区业余体校开设有田径、羽毛球、足球、乒乓球、击剑等6个项目训练班，举重、体操、射击项目由市代培。2008年以来，武江区业余体校先后向省体工队输送了正式运动员3名，集训队员一批；向高等院校输送了9名运动员。武江区业余体校运动员在参加全国和省比赛中成绩显著，取得了较好的成绩。2008年参加广东省中小学生毽球比赛，小学组获得男子团体第1名和女子团体第2名。2009年第十二届市运会取得成年组第1名、老年组第2名和团体总分第6名的好成绩，并获体育道德风尚奖和突出贡献奖。

为推进武江区体育事业发展，武江区积极建设社会体育指导员队伍，不断提高体育骨干指导水平。全区领取三级以上社会体育指导员证书的645人，常年活跃在市区的多个体育锻炼场所，为武江区社会体育提供了科学锻炼指导和技术服务。同时，开展国民体质监测工作，组织机关单位、厂矿、学校、街道开展国民体质监测，为有针对性地开展全民健身运动提供依据，并通过多种形式宣传全民健身活动，引导和激发群众参与科学健康有益的各种体育活动，有效提高全民体质。

2017年，武江区5个乡镇实现全民健身小广场全覆盖，13个行政村建有全民健身路径。投入210多万元资金，升级改造了教育路健身广场，新华街红尾坑社区，天子岭社区，西河下坑村，西联赤水新村，江湾镇小广场，惠民西社区，惠民东社区，东岗岭社区。2017年，武江区体育局组织开展韶关市武江区"迎春杯"乒乓球单打比赛和团体公开赛、"善美之城　武动韶城"2017年粤港澳跆拳道联赛、"创建善美之城，你我同心齐行"体育宣传活动、重阳镇水口村龙舟赛、"参与全民健身，共筑活力韶城"全民健身日大型活动、武江区第一届青少年羽毛球锦标赛、2017年武江首届围棋业余团体联赛、"丹霞杯"围棋城市邀请赛、业余围棋联赛和第二届机关事业单位职工篮球赛等一系列群众体育赛事。

六、"创国优"推进计划生育国策落实

武江区委、区政府始终严格执行国家的一系列计划生育工作政策，有组织有计划地开展计划生育工作，把计划生育工作这一"天下第一难事"变为"甜蜜的事业"。全区计划生育工作成效名列韶关市首位。从1999年起至2006年，武江区连续8年被省政府授予"计划生育先进单位"称号。

从2003年5月开始，武江开展创建全国"计划生育优质服务先进区"活动，全面推进以技术服务为重点的计划生育优质服务。

加大计划生育工作基础设施建设。2003年7月24日，武江区

六届人大常委会第四次会议批准区政府兴建计划生育信息网络。区政府投入50万元建立计划生育管理信息平台，实现全区计划生育工作信息上（省、市）下（镇、街道）联网，改变过去人工抄报数据的落后状况，促使育龄妇女信息管理和流动人口管理更加科学、准确、规范。2004年武江区政府投入1200万元，兴建建筑面积5000平方米的计划生育综合服务大楼。

推动全区形成良好的婚育风尚。武江区委、区政府按照一年建立一个利益导向机制的思路，建立起了较为完善的计划生育利益导向机制。同时，认真贯彻执行计划生育“一法三规”和有关条例，落实行政执法责任制、公示制度、评议制度的执法过错责任追究制度。实行行政审批制度改革，简化生育审批手续，废除一切不合理规定，取消不合理的行政处罚、行政收费。实行计划生育政（村、居）务公开，广泛开展群众评议计划生育工作活动。加强人口与计划生育宣传教育，建设新型的人口和计划生育文化。改进人口计划管理和统计工作，实行计划生育村（居）自治。加强队伍作风建设，打造思想好、作风正、懂业务、会管理、善于做群众工作的计生队伍。

2003年11月，武江区作为全省首批申报全国“计划生育优质服务先进县（区）”，接受国家的检查。2003年12月23日，武江区被国家人口与计划生育委员会授予全国“计划生育优质服务先进县（区）”，是全国首批99个被表彰的“计划生育优质服务先进县（区）”之一。创建活动的成功，使武江区的计划生育工作实现了从省一类区向国家计划生育优质服务先进区的迈进。

自2003年武江区被国家人口与计划生育委员会授予首批“计划生育优质服务先进县（区）”的光荣称号后，区委、区政府以此作为新的起点，提出“保红旗、争先进、创品牌”的新目标，从深化认识、加大投入、创新工作思路等方面巩固和深化创建成果，不断提升全区计划生育优质服务水平。2005年3月29日，在省政府召开的全省2004年度人口与计划生育表彰大会上，武江区政府被省政府评为2004年人口与计划生育先进单位。2005年11月，西河镇被全国妇联、国家人口与计划生育委员会等10部（会）评为全国“婚育新风进万家”先进单位。2006年4月24日，西河镇被韶关市政府授予“韶关市2005年度人口与计划生育先进单位”称号。

在2005年制定《武江区计划生育动态管理层级责任制》的基础上，2006年武江区又制订《乡镇（街道）工作年度实绩考核方案》，把人口和计划生育工作列入考核的重要内容。在随后的几年里，区委、区政府围绕着层级动态管理责任制，开始了新时期“全区一盘棋，合力抓计生”的攻坚战。

七、着力建立完善社会保障体系

社会保障是国家或社会依法建立具有福利性、社会化的国民生活保障系统。武江区委、区政府按照国家和省市的有关政策规定，积极探索和实施城乡居民养老保险、城乡居民最低生活保障、全民医疗保障、就业援助等方面保障制度。

（一）建立和完善新型养老保险制度

1992年9月14日，武江区根据广东省人民政府《批转省社会保险制度改革领导小组〈关于社会养老保险制度改革方案〉的通知》及韶关市的有关文件和会议精神，成立由政府主要领导、有关部门和工会代表等人员组成的武江区社会保险委员会，开展对全区企业养老制度改革的综合规划、政策协调，并对社会保险基金的征收、支付、运用、管理进行监督和指导。

1994年3月31日，区政府办公室转发《广东省职工社会养老保险暂行规定》，辖区内市属以上企业开始全面进行保险基金征缴。单位缴纳的养老保险费按单位职工工资总额（统一口径）的一定比例计征，计入社会养老保险基金，属于参加社会养老保险的职工共同所有。职工个人缴纳的养老保险费按个人工资收入的2%计征，全部计入个人养老账户；城镇个体工商户缴纳养老保险费以全市上年度职工月平均工资收入为基数，按单位和个人两项费率之和计征，分别计入社会养老保险基金和个人养老专户。7月12日，武江区职工社会养老保险贯彻《广东省职工社会养老保险暂行规定》，区属企业征收社会养老保险费，暂时按各企事业单位上年度职工月平均工资总额的15.2%提取，个人按上年度本人工资收入2%缴纳。

1995年3月，国务院发布《关于深化企业职工养老保险制度改革的通知》，进一步确定全国养老社会保险制度改革的目标、原则和主要任务。8月31日，区政府办公室《转发〈韶关市企业职工社会养老保险暂行规定〉的通知》，要求各单位按国家和省市的文件规定执行。1996年8月16日，武江区按照市劳动局《关于批转〈韶关市市区私营企业、个体工商户从业人员参加社会养老保险制度和工伤保险实施细则〉的通知》，开始对辖区私营企业、个体工商户从业人员办理参加社会养老保险手续。翌年，根据国务院《关于建立统一的企业职工基本养老保险制度的决定》，武江区城镇企业职工养老社会保险开始进行统一缴费比例、统一个人账户、统一个人养老金计发办法。这一制度，既是社会统筹与个人账户相结合，也是现收现付与基金积累相结合的一种混合模式，其目的是为完成社会保险从“单位保障”到“社会化保障”的“体制转换”，为没有积累的退休人员提供基本养老保险。

这一期间，武江区部分乡村开始探索农民退休制度。1995年5月19日至21日，西河镇红星管理区为了让退休农民老有所养、老有所医，健康长寿，在为老人发放退休金、购买长寿保险，实行农民合作医疗的基础上，请来市肺结核防治所的医生，为220多名退休农民进行全面体检，深受群众好评。是年，武江区划拨出5万元专款支持西河镇兴建起敬老院。到1995年底，全区有社会福利院1间，农村敬老院2间，在院人员19人，这些老年人在政府的帮助下，享受社会福利，安度晚年。

1998年，武江区开始执行统一的企业职工基本养老保险制度。养老保险费由单位和个人分担，即征缴基数按职工工资总额的27.5%计算，其中单位缴费比例为19.5%，个人缴费比例为8%。7月份起，全国统一养老保险政策，支付待遇一致，参保收费按当地社会平均工资的20%，分老、中、新3类人计算待遇：7月1日之前参保、已退休的为老人类；7月1日之前参保、未退休的为中人类；7月1日之后参保的为新人类。同时贯彻国务院《关于建立统一的企业职工基本养老保险制度的决定》，建立社会保险监督委员会，加强养老保险基金的管理监督。由政府代表、企业代表、职工代表三方等额组成，行使对社会保险基金管理使用的社会监督。2000年1月开始，武江区按照省市文件精神，统一由地税局收缴养老保险费（包括机关、事业单位、企业、工商户和个人缴纳的养老保险费）。

1998年12月14日，国务院颁布《关于建立城镇职工基本医疗保险制度的决定》。1999年4月2日广东省人民政府转发《关于全省城镇职工基本医疗保险制度改革规划方案》。要求各地按规划方案，结合本地本单位实际认真贯彻执行。武江区按照《广东省建立城镇职工基本医疗保险制度的实施意见》，逐步建立起城镇职工基本医疗保险基本框架，成立社会医疗保险经办机构（社保基办公室），对公费医疗和劳保医疗进行同步改革。武江区城镇职工基本医疗保险制度改革，为保障广大城镇职工基本医疗需求，为职工解决看病难问题起到了一定作用。

（二）建立和完善社会福利制度

从1992年起，区有关部门贯彻落实《军人抚恤优待条例》和《义务兵家属优待办法》的有关规定，确保义务兵家属的合法权益；努力做好重点优抚对象的各种抚恤补助工作。1995年，全区优抚对象700多户2000多人，其中“三属”（烈士遗属、因公牺牲军人遗属、病故军人遗属）60户90人，军属105户500人，在职伤残人员78人，在乡复员、退伍军人391人。同时根据《调整提高优抚对象抚恤补助标准的通知》，将优抚对象中的“三属”人员定恤由每月55元提高到130元，在乡复员军人定补由30元提高到85元。

1996年，区政府《关于武江区扶助残疾人若干规定的通知》规定明确：“残疾人员凭本人的残疾人证到区医院及所属门诊机构就诊时，在挂号、就诊、缴费、取药、治疗和住院床位等方面给予优先照顾，并免收门诊挂号费和肌肉注射费。残疾人在各种诊治技术性医疗检查收费和住院床位收费方面，享有减收10%~20%的照顾。困难家庭残疾儿童和贫困残疾人家庭的子女接受义务教育，其学杂费实行减或免，同时还对入学、招工、创业、等方面给予优先、优惠。”

1996年9月，武江区按照《韶关市城区居民最低生活保障暂行办法》确定城区居民最低生活保障线为每人每月140元，以后根据物价指数变化和经济发展状况再作调整。从1997年7月起，武江区确定农村村民最低生活保障线为每人每月90元。1997年，武江区城市居民月人均收入不足140元，农村月人均收入不足90元的，由各级政府财政补足至140元和90元。1997年，全区享受最低生活保障的困难户74户163人，其中城市居民36户71人、农村村民38户92人。1999年，城市居民最低生活保障标准由原来每人每月140元提高到182元，农村村民由每人每月90元提高到117元。1999年，区政府落实“贫困残疾人全部享受最低生活保障”的扶贫措施，做到残疾人贫困户“应保尽保”，全区残疾人群体的生活基本得到保障。

2000年初，全区社区化康复服务网络建立。6月27日，省残联在韶关召开全省各地市、县、区康复工作负责人会议，对武江区的康复工作给予了肯定，与会同行主动向区残联负责人取经。2002年5月4日，为贯彻省委、省政府关于“扶助弱势群体生活和工作”的文件精神和省政府《关于实施“南粤助残工程”的通知》，区政府制定《武江区实施“南粤助残工程”专教资金筹集工作方案》，全区收到爱心捐款11.2万元，为贫困残疾人提供了生活、学习和就业方面的物质保障。到2002年底，全区享受低保的人员当中，80%是残疾人家庭。

（三）健全企业下岗人员失业保险制度

前期的企业体制机制改革中，公有制企业受到较大冲击，职工下岗失业生活困难。武江区委、区政府按照党中央、国务院和省市的文件精神，成立下岗职工就业工作领导小组及再就业工作办公室，建立区、镇（街）、基层工会三级帮扶网络，制定完善的工作制度和工作流程，积极实施“送温暖工程”，为下岗职工和特困职工家庭排忧解难。

1998年5月，区委、区政府发出《关于切实做好企业下岗职工基本生活保障和再就业工作的通知》，要求各单位、各行业切实保障职工家庭的基本生活，夫妻在同一企业的，不要安排双方同时下岗；不在同一企业的，如果一方已下岗，另一方所在企业不要安排其下岗，并尽量避免全国及省（部）级劳动模范、烈军属、残疾人下岗。1998年，区委、区政府明确规定：凡是有下岗职工的国有企业，都要建立再就业服务中心或类似机构，下岗职工不多的企业也可由有关科室代管。再就业服务中心（包括类似机构或代管科室）负责为本企业下岗职工发放基本生活费和代下岗职工缴纳养老、医疗、失业等社会保险费用，组织下岗职工参加职业指导和再就业培训，引导和帮助他们实现再就业。从行政机关抽调得力人员加强再就业服务中心的组织、管理力量。下岗职工在再就业服务中心的登记期限一般不超过3年；3年期满仍未实现再就业的，应与企业解除劳动关系，按规定享受失业救济或社会救济。下岗职工在再就业服务中心期间的基本生活费，原则上可按略高于失业救济的标准安排并按适当比例逐年递减。

1999年2月，武江区按照国务院颁布的《社会保险费征缴暂行条例》和省市的有关规定，加强和规范基本养老保险费、基本医疗保险费、失业保险费等社会保险费的征收、缴纳工作，保障社会保险金的正常发放。2000年7月，区政府发出《关于施行〈广东省失业保险规定〉的通知》，要求各单位切实保障劳动者失业后的基本生活，促进其再就业。此后，区辖内实施的“待业保险”改为“失业保险”，并将“待业救济金”改为“失业保险金”。2002年，区总工会建立全区特困职工档案，区民政局及时协调，帮助将特困职工纳入最低生活保障范围。

（四）坚持加强社会保障体系建设

扩大低保、养老、医疗、失业保险的覆盖面，加强“两个确保”（确保国有企业下岗职工的基本生活，确保企业离退休人员的基本养老金按时足额发放）工作，抓好“三条保障线”（国有企业下岗职工基本生活保障、失业保险、城市居民最低生活保障制度）的衔接，对符合条件的困难群众做到应保尽保。重视困难群众和弱势群体的生产生活问题，想方设法解决下岗职工、城市特困居民、农村贫困人口在子女入学、就医等方面的实际困难，认真做好农村“五保户”供养、优抚对象抚恤补助等工作，实实在在为群众谋利益。2003年扩面新增818人，基本养老保险参保人数为7478人，失业保险参保人数为3863人，保险参保人数为3355人；领取失业救济金13人，社会养老保险金发放率为100%。2004年，全区扩面新增437人，其中基本养老保险参保人数为4104人，领取失业救济金742人，社会养老保险金发放率为100%。2005年，区劳动保障局制定《武江区养老保险扩面征缴“百日行动”实施方案》，开展养老保险扩面征缴“百日行动”活动。2006年末，全区参加各类社会保险33350人，其中：参加养老保险10566人，失业保险6120人，医疗保险8823人，工伤保险4891人，生育保险2950人。追缴历年欠费151.59万元。全区838名离退休人员养老金全部社会化发放。7月调整提高企业离退休人员养老金待遇，支付养老保险金55.5万元。为建立和完善武江区农村合作医疗保障制度，解决农民因病致贫、因病返贫的问题，缓解大病住院风险，减轻农民群众大病住院的费用负担，2002年12月24日，武江区人民政府批转《武江区农村合作医疗保障制度实施方案》，从2002年起，用9年的时间分阶段积极稳妥地推动农村合作医疗保障制度的建立、完善和发展。

2016年，武江区城乡低保月人均补差标准分别提高至城镇每人每月485元，农村每人每月335元，人均补差水平城镇每人每月由374元增至418元，农村每人每月由172元增至190元，达到省、市要求的补差水平。截至2016年末，全区共有低保对象1332户2611人，其中城镇低保493户799人，农村低保839户1812人。全年共发放低保资金791.86万元，其中城镇低保资金410.79万元，农村低保资金381.07万元，城乡低保群众的基本生活得到有效保障。

2016年，武江区共有“五保”供养对象87人，累计支出“五保”供养费75.29万元，确保“五保”对象正常生活。推动西河镇黄塱村养老院二期的建设。启动重阳镇、龙归镇、江湾镇的6个试点农村幸福院建设工作。完成龙归镇1个农村幸福院建设，江湾3个农村幸福院2016年底已进入竞标准备阶段，重阳镇2个农村幸福院年底已进入筹备阶段。完成重阳镇妙联村“颐养居”建设。启动城市居家养老服务中心示范点“武江区康辉颐养服务中心”建设，完成工程图纸设计。启动西河镇、西联镇、新华街、惠民街4个社区居家养老服务中心示范点协调建设筹备工作。

2016年，区民政局全面落实优抚对象抚恤补助政策，提高各类优抚对象抚恤补助金标准。武江区按照新的标准兑现并发放到位，各项抚恤补助款及时、足额并实行社会化发放。逐年提高义务兵优待金标准，2016年平均每年每户达16355元，优待面100%。

2016年，武江区高效应对低温冰冻、暴雨洪涝等自然灾害，切实保障受灾群众基本生活。2016年1月低温寒冻天气袭击韶关，全体干部职工全面贯彻落实“托底线，救急难”工作要求，迅速采取措施开展防寒保暖工作，区民政局出资购买以及紧急从省民政厅申请一批防寒保暖物资发放到各镇（街），将防寒保暖物资及时发放到需要救助的群众手中，确保困难群众安全过冬。积极应对强降雨天气，购买储备救灾物资一批。

（五）切实推进就业服务体系建设

区委充分发挥劳动保障事务所的作用，以增加就业岗位为目标，以落实再就业政策为主线，以帮助特困人员就业为重点，以强化再就业服务为手段，千方百计扩大就业和再就业。2002年，武江区再就业培训764人，超额完成下达的600人培训任务；

完成再就业3720人，超过计划3000人的任务；失业率控制在2.5%以下；为全区45户特困职工发放补助金13900元，发放率100%。2003年，全年为国有下岗失业人员3631人办理再就业优惠证；职业培训283人，培训后再就业230人，再就业率81%；职业介绍机构介绍就业178人。2004年，利用基层劳动保障平台、武江职校等培训机构和职业介绍机构，开展再就业培训和再就业工作，为6255名国有企业下岗失业人员办理再就业优惠证。全区参加职业培训310人，培训后再就业260人，再就业率85%；介绍机构成功介绍就业356人，其中下岗职工170人、“4050”（女40岁，男50岁）就业困难人员54人。2004年3月17日，韶关市劳动和社会保障局授予武江区劳动保障局组织工作三等奖。2005年，武江区建立和完善新华、惠民两个街道基层劳动保障所，全年为1636名国有企业下岗工人办理再就业优惠证；实现城镇新增就业岗位2501个，完成年度任务的210%；实现下岗人员再就业1323人，完成年度任务的132%；“4050”人员再就业451人，完成年度任务的150%；农村劳动力转移就业3511人，完成年度任务的117%；城镇登记失业率为3.2%，低于3.5%以下的要求。贯彻《广东省“零就业家庭”就业援助办法》，帮助451名“4050”人员实现就业，帮助1210名农村富余劳动力参加各种培训，帮助10户家庭年人均收入1500元以下的农村困难户子女参加免费3年技校生培训。2005年，武江区委、区政府针对西联新区和武广快线等重点项目建设推进中产生大量农村富余劳动力的情况，由区委副书记任组长，重视加强失地农民的转移就业培训工作。2006年，全区城镇新增就业岗位2350个，下岗失业人员再就业1100人，其中安置“4050”人员就业350人。组织再就业培训1523人，培训后实现就业1370人，城镇登记失业率为3.3%。召开现场招聘会7场，提供就业岗位4300个，推荐就业率86%。大力实施“广东省百万农村青年技能培训工程”和农村富余劳动力转移就业培训，全区各类职业技能培训达到1523人，其中再就业培训1370人，农村富余劳动力转移7600人，创业培训77人。完成市技工学校在本区招生50人。5个镇、2个街道7个劳动保障事业所，按照“六个到位”和“八个统一”的要求（六个到位：机构、场地、人员、经费、制度和服务设施到位。八个统一：工作职责、业务流程、资料台账、服务规范、管理制度、信息系统、设施标志、人员配备统一），逐步加强全区劳动保障事务所软、硬件建设，基层服务组织网络逐步完善。

2016年，武江区人社局以就业再就业工作为中心，以就业服务制度化、专业化、社会化为标准，坚持以政策扩就业，以培训推就业，以创业带就业，以服务促进就业，以维权保就业。2016年区人社局完成就业困难人员认定772人，新办理就业创业证732本，就业失业登记3776条。帮助就业困难人员政策咨询1364人次。全区城镇新增就业人数2430人，完成年度任务的105.65%；城镇失业人员再就业2025人，完成年度任务的101.25%；就业困难人员再就业382人，完成年度任务的100.5%；开展技能培训439人，完成年度任务的146%；城镇登记失业率为2.8%，控制在年度目标的3.2%以内。

贯彻落实各项扶持政策措施，促进就业困难群体实现再就业。扎实开展再就业援助月、南粤春暖市县联动就业、民营企业招聘周、大中专院校毕业生服务周等公共就业服务专项活动，促进城乡劳动者就业，2016年，武江区人社局在西联农贸市场、龙归镇政府等地举办了22场“南粤春暖”系列招聘会，进场人数1.9万余人，达成就业意向825人，成功实现就业461人。扎实开展劳动力技能晋升工作。2016年共组织446人参加育婴员培训。农村劳动力转移就业人数 2483人。

第六节 以实现均衡发展为目标，推进扶贫工作与老区建设

一、扶贫开发取得初步成效

建区初期，武江区扶贫开发的重点是解决贫困人员的温饱问题。从1992年起，区委、区政府实施扶贫开发战略，重点帮助贫困村、贫困户发展种养业和乡镇企业，取得成效。

1992年，区委、区政府转变扶贫工作方式。一是从贫困乡村现实状况出发，确定扶贫开发的目标和任务。二是以经济建设为中心，变救济式扶贫为开发式扶贫，支持贫困乡村开发当地资源，发展商品生产。三是采取综合配套措施，引导农民重视智力开发，发展科技和教育。四是引导贫困乡村坚持自力更生、艰苦奋斗方针，大力发展种养业和乡镇企业。五是加强领导，落实党政一把手扶贫工作责任制，并加强贫困村的干部培训，提高他们带领群众脱贫致富的意识和本领。

1994年3月，区委、区政府进一步贯彻落实《国家八七扶贫攻坚计划（1994—2000年）》，鼓励贫困乡村的干部、群众发扬自力更生、艰苦奋斗的精神，以市场需求为导向，依靠科技进步，充分开发利用当地资源，加快发展商品生产，脱贫致富。充分利用城郊优势，重点发展投资少、见效快、覆盖广、效益高、有利于脱贫致富的种植业、养殖业和相关的加工业、运销业。同时发展能够充分发挥贫困地区资源优势、又能大量安排贫困户劳

动力就业的资源开发型和劳动密集型乡镇企业。通过土地有偿租用、转让使用权等方式，加快荒地、荒山、荒坡、荒滩、荒水的开发利用。

在落实《国家八七扶贫攻坚计划（1994—2000年）》工作中，武江区引导尚不具备兴办企业条件的贫困乡村，自愿互利，带资带劳，到投资环境较好的城镇和工业小区进行异地开发试点，兴办第二、三产业。依托资源优势，按照市场需求，开发有竞争力的名特稀优产品。统一规划、组织千家万户连片发展，专业化生产，逐步形成一定规模的商品生产基地或区域性支柱产业。坚持兴办贸工农一体化、产加销一条龙的扶贫经济实体，承包开发项目，外联市场，内联农户，为农民提供产前、产中、产后的系列化服务，带动群众脱贫致富。

从1996年开始，武江区将各方面支持的资金、物资，主要集中用于帮助贫困村和贫困户改善生产条件，发展种养业，帮助乡村修路、打井、修渠、办电。因地制宜地推广一批增产增收效果明显的作物、畜禽优良品种和栽培、养殖新技术，突出抓好“种子工程”、节水灌溉和旱作农业技术；组织科技人员深入贫困村，传授科技知识，推广普及实用技术，提高贫困户生产技术水平。

在帮扶贫困村工作中，武江区充分发挥城区和近郊的资金、技术、人才优势，调整和优化农业结构，大力发展高产、优质、高效农业，增加贫困户的收入。采取近郊扶持远郊壮大集体经济的做法，帮助远郊农民致富。1996年7月8日，区委、区政府围绕近郊富裕农村如何扶持远郊农村壮大集体经济，召开了一次别开生面的“诸葛亮”会议，就山蕉、黄塱和糖寮3个贫困管理区如何壮大集体经济，尽快脱贫致富等问题展开研讨。会上，贫困管理区的党支部书记介绍发展经济的思路和存在的困难；近郊富裕管理区负责人结对支持。区委副书记、区长要求各部门要为扶持单位开绿灯、办实事；同时要求注意自我发展和扶持相结合，长远发展与短期目标相结合，共同努力，力争经济不发达的管理区尽快赶上中等管理区的经济水平。

1996年10月，中共中央、国务院发出《关于尽快解决农村贫困人口温饱问题的决定》，要求突出重点，集中力量解决农村贫困人口的温饱问题。武江区各级领导干部带头深入基层，包村包户，与群众一起做研究、想办法，运用“菜篮子”兴农的方式扶持贫困户，促进全区农村经济的长足发展。到1997年6月，武江区“三个一万亩”（蔬菜一万亩、水产一万亩、经济竹林一万亩）工程建设，已经发展蔬菜基地8000亩、水产养殖7500亩、竹林种植面积5100亩，实现了“基地增一成，产量增一成，收入增二成”的目标；菜、鱼、猪、禽、蛋五大“三高”农业产品的生产，比上年同期增长7.8%；乡镇企业总收入3.34亿元，比上年同期增长10.9%，利税比上年有了明显的增长。

武江区通过发展种养业和乡镇企业，着力搞好“一村一品”建设，推广示范经验，培育一批特色明显、类型多样、竞争力强的专业村、专业乡镇和特色产业，同时推广大批农业实用技术，农民科学种田的水平不断增强，经济效益明显提高，贫困人口逐渐减少。至1997年，全区农村人均收入3245元，比1991年的1000元增长了2.25倍。

二、深入推进扶贫开发工作

（一）推进奔康达标工作

从1997年下半年开始，区委、区政府不断优化农村产业结构，加速农村经济建设，努力推进农业增产、农民增收。第一，加速“菜篮子工程”建设，大力推进“三个一万亩”的基地建设，加快发展高效农业。建设过程中采取了3项措施：一是依托区域农业资源优势、市场优势、生产要素优势，主攻大方向，建设大基地，发展规模经营；二是立足本地农产品生产，进行“精、细、深”加工，提高附加值；三是组织农民参与产品营销，建设市场，培育市场，发展市场。第二，继续深化农村改革，大力推进农业产业化进程。首先，在搞好第二轮土地承包工作的基础上，逐步建立科学合理的土地流转制度，积极稳妥地推进规模经营。其次，完善双层经营体制，把分散的农户进行资本联合、劳动联合，在不改变原有土地承包关系的基础上组织农民联合起来，自我服务，自我完善，不断壮大自身实力，逐步探索农业产业化道路。第三，建立农业多元化投入机制。其一、抓好经营机制的转换和技术改造来适应外部环境的转变。其二、注重质量和效益，合理开发利用资源，保证集体资产保值增值，并在深化改革、调整结构中，促进乡镇企业快速发展。其三、引导集体和农民增加对农业的投入，加快农业企业发展。在大力发展蔬菜基地、水产基地、竹林基地的基础上，抓好黄塱2000亩无公害蔬菜基地和省级蔬菜良种和新技术示范基地建设，并实现外向型农业的突破，建立“公司+农户”的蔬菜出口基地1100亩，连片莲藕1000亩，全区“菜篮子工程”形成基地化、规模化格局。到1997年底，全区乡镇农业企业发展到1856个（含乡村个体户），从业人员5530人，总收入75460万元。

从1997年8月起，武江区加速推进农村奔康达标工作。区委、区政府要求各镇村以农村奔小康达标为目标，开展创建“文明小康村、十星文明户”活动，增加投入对“五改七化”（改水、改路、改房、改厨和改厕，交通运输便利化、村屯绿化美化、户与户之间道路硬化、农民住宅楼房化、生活用能沼气化、养殖良种化、种植高效化）进行查漏补缺，加快文明村创建工作的深入推进，确保村容村貌有较大变化。8月，西河、西联镇和各管理区成立农村奔小康工作机构，按《武江区农村奔小康达标攻坚实施方案》出台农房建设优惠政策，鼓励农户拆旧建新。其中，西河镇塘湾管理区为鼓励农户早日建楼房，决定在集体经济中拨出款项支持农户建房，每建一层补助1000元，建两层楼房补助2000元。由于各级领导思想统一，政策到位，农村奔康工程建设快速发展。

在实施奔康攻坚工作中，区委、区政府实行首长负责制，采取“五抓、五确保”的得力措施，一级抓一级。一是抓领导，确保农村小康达标工作顺利进行；二是抓认识的统一和提高，确保观念信心到位；三是抓重点，确保文明村（户）的文明建设水平切实提高；四是抓难点，确保农房改造任务的全面实现；五是抓落实，确保农村的小康如期全面达标。同时以实现农村小康达标为动力，建立健全实施机构和监督机构，力推农村经济和农房改造以及新农村建设稳步发展。到1997年底，武江区农村小康达标自查和20户农户的抽样调查结果是：农民人均年纯收入4147元，为小康标准的120%；人均钢筋砖木结构住房面积33.3平方米，为小康标准的183.33%；农民人均消费4801.46元，其中食品支出1947.06元，占消费支出的40.55%，达到小康标准；人均年消费肉禽鱼量54.08公斤，为小康标准的108.2%；农民14种机电产品户均拥有种数8.55种，为小康标准的213%；全区22个管理区、95个自然村，农户5074户、农业人口23064人，管理区通车、通电话100%，通电农户和通水人口100%；九年义务教育实现达标；农村人人享有保健发展计划实现达标；全区创建文明村84个，占自然村总数95个的88.4%。

1998年3月，区委、区政府发出《关于进一步做好农村奔康达标验收工作的通知》，同时召开农村奔康达标工作会议，查验农村小康达标10项指标的全面落实。在农村奔康达标自查工作中，区农村奔小康达标攻坚工作领导小组及镇村的相应机构，着力抓农房改造重点，突出整治村容村貌难点，以农村奔康达标统揽农村和农业工作全局，念好农村奔康“四字经”：一是突出一个“清”字，做到“四清”，即农村奔康达标的10项标准清楚，本区“家底”清楚，各级领导的职责清楚，完成达标的时间、任务清楚。区领导班子换届后，武江区及时调整奔康工作领导小组，做到奔康达标工作五个到位，即领导到位、各部门挂钩联系到位、资金投入到位、检查对照工作到位、责任落实到位，形成全区上下齐抓共管的奔康工作新局面。二是采取一个“学”字，即采取请进来，走出去的办法，虚心向上级部门和先进单位学习请教。三是要求一个“严”字，即自查验收严格要求。为了能顺利通过奔康达标验收，区专门组织职能部门成立奔康达标验收领导小组，在管理区、镇、区职能部门逐级进行自查的基础上，区奔康领导小组于3月底进行了为期3天的验收，摸清了情况。四是做到一个“实”字，在自查验收、对照检查的基础上，加大人力、物力、财力的投入，扎扎实实做好农村奔康达标的查漏补缺工作，努力做到各项指标均能达标。

通过几年的坚持不懈努力，到1998年5月底，全区农村奔康达标各项指标均有较大提升，其中农业种植项目有蔬菜基地5.67平方千米、水产基地5.15平方千米，经济竹林基地5.33平方千米。农村社会总产值和农村人均纯收入逐年增长，兴建钢筋结构农房2391户，住房面积达315464平方米，人均住房面积达21.15平方米；农用机电产品快速增加，户均拥有5.64种；全区有96.8%的农民饮上自来水或清洁卫生水；乡村公路基本实现四级化；管理区全部实现了通电、通水、通路、通电话；管理区经济收入大幅度提高，73%的管理区集体收入超过10万元；教育、文化、卫生和民政等社会事业得到全面发展。

（二）探索扶贫开发新方式

1998年初，武江区委、区政府在制定农业发展新目标过程中，提出以创新的思路推进扶贫开发工作改革，采取发展规模经济的方式帮助贫困户走好发家致富道路。一是以突出区域特色为核心，调整优化农业布局，初步形成以水果、蔬菜、优质水稻、畜禽养殖、水产养殖为主的经济带，形成一乡一业、一镇一品的产业格局。二是以优质高效农产品为核心，提高产品档次，重点培育优质稻、优质油菜、高档西瓜、三元杂交瘦肉猪等四大精品，优质水稻达40%以上，新建果园优质率达100%，三元杂交猪占生猪总量的40%以上。

在加快规模化生产的具体实施过程中，区委、区政府按照“宜菜则菜、宜鱼则鱼、宜牧则牧、宜果则果”的发展原则，大力发展绿色环保生态农业、旅游观光休闲农业和特色农业，创造一批村级品牌项目，重点发挥品牌效应。同时抓好林业结构调整，大力推广山地综合开发，加大山地种竹、种果规模，提高山地产出效益。其中，西联草莓基地、芙蓉葡萄村、甘棠良种鸽基地、西联钓鱼场、塘湾竹林烧烤场、黄塱蔬菜、山蕉甜玉米等一批项目都产生了良好的品牌效应和经济效益。到2002年底，全区蔬菜种植面积2813公顷，总产量75506吨，蔬菜总产量比1997年增长42.06%；水产养殖面积520公顷，总产量2800吨，水产总产量比1997年增长12.2%；生猪饲养68000头，出栏量48100头，生猪出栏量比1997年增长33.61%；家禽饲养820400羽，出栏量709800羽，家禽出栏量比1997年增长39.53%；山林种果125.2公顷，总产量2547吨。

2000年7月25日，《南方日报》发表了时任中共中央政治局委员、广东省委书记李长春《走农业产业化经营的路子》的文章。文章从农业产业化经营是实现农业两个根本性转变的重要途径的高度，系统、全面、深刻地论述了农业产业化经营的含义、模式；提出了实行农业产业化经营是继家庭联产承包责任制之后农村改革的深入，是实现科技兴农的重要途径，是农业实现两个根本性转变和实现农业现代化的必由之路的重要思想。

8月初，根据韶关市委《关于学习李长春〈走农业产业化经营的路子〉的通知》，武江区委、区政府分别组织班子成员和有关部门领导对《走农业产业化经营的路子》开展学习和讨论，并根据大家的意见和建议，制定了武江农业产业化发展的措施：一是做好宣传发动，增强农民对农业生产、市场、流通等现代化经营的商品意识和效益意识，围绕城郊型区位特点，正确引导农民根据市场需求布局农业生产。二是加大农业招商力度，培育“龙头”企业，以“公司+基地+农户”的模式带动农民群众创业致富。三是继续抓好水利基础设施建设，做好山塘水库的加固和水渠的维修及“三防”（防汛、防风、防旱）工作。四是大力推广农业科技，带动广大农民学科技、用科技，加快农业新技术、新品种的推广，坚持科技兴农提高效益。

在推进农业产业化的实施过程中，区委、区政府动员广大党员、干部，层层做好宣传发动，引导农民走农业产业化经营路子。各部门结合主管工作，积极投入农业产业化建设之中。各乡镇结合本地实际，分别制定和实施农业产业化发展措施。为搞好农业产业化基础设施建设，解决西河镇糖寮村蔬菜灌溉水源不足的问题，区、镇、村多方考察论证，制订工程方案，投资29万元建设3000米排灌渠道，彻底解决了500亩（约33公顷）蔬菜灌溉问题。区、镇农业相关部门积极做好产、加、销“一条龙”服务，及时向农民提供市场信息，帮助农户拓宽销售渠道，确保农业增产、农民增收。其中，区妇联在推动农业产业化建设中积极贡献力量，组织开展全区“巾帼建功”成才活动，动员和组织广大农村妇女学习农村实用科技，增强科技意识，为加快提高农业产业化进程发挥了“半边天”的作用。

为了走好农业产业化路子，武江区从2001年开始加大农业生产结构调整力度，每年调减1000亩（约66.67公顷）水稻种植面积用于改种蔬菜及其他高效经济作物。其中，西联镇为引导农户种植葡萄，扩大葡萄种植规模，政府无偿为新种植户每亩补助600元，并帮助农户联系农村信用社小额贷款发展葡萄种植243亩（16.2公顷）。芙蓉村中52%的农户种植了葡萄，平均每户种植面积达到3.1亩（0.2公顷），全村葡萄种植总面积达到500多亩（约33.33公顷），形成了一个集生态旅游、休闲、观光为一体的葡萄专业村。

想农民之所想，急农民之所急。为解决农业结构调整带来的产品销售问题，区政府积极培育新的消费热点，开拓新的市场空间，2001年7月13日成功举办首届西联葡萄节，宣传、推介优质的葡萄产品。通过举办葡萄节，产品供不应求。一般葡萄亩产值8000～1万元，是种植水稻的10多倍。

在探索农业产业化经营路子，特别是加快全区生猪品改良进程的工作中，武江区有计划、有步骤地做好种猪更新换代，大力推广饲养三元杂交瘦肉型商品猪，先后办起沙山良种猪场、润旺良种猪场和白芒综合养殖基地等3个大型良种猪场。区委、区政府一方面加大扶持力度，无偿为农户提供优质种猪苗420头，另一方面以沙山良种猪场、润旺良种猪场和白芒综合养殖基地为依托，为农户提供技术支持，鼓励农户加入联合养殖。到2002年，三个大型种猪场良种母猪饲养量达2500多头，瘦肉型母猪饲养率达100%，每年可生产优质三元杂交猪苗4万多头，基本可满足本区生猪饲养量的需求。同时发展山地养牛、养羊、养鸡和肉鸽的产业养殖，以市场为导向促进养殖业不断增量增效。

区委、区政府还坚持以典型带路，不断拓宽“公司+基地+农户+市场”的农业产业化企业化发展方向，大力开展农业招商引资。一是吸引外地商人在芙蓉石背窝兴办恒源农业观光农场。该项目开发山地面积约13.33公顷，发展种养业、旅游业（包括观光、示范、科园果园等），总投资800万元，首期投资200万元。二是引进日本大名企画株式会社，合作成立日丰农业技术有限公司，投资300万元发展蔬菜出口基地约33.33公顷（其中大棚蔬菜2公顷），统一种子，统一育苗，分户种植，产品回收。并带动西河镇黄塱、什石园、糖寮等周边农户种植出口蔬菜，产品主要出口日本。三是吸引外省商人来此兴办西联焦冲坡润旺猪场。租用山坡地约6.67公顷、鱼塘约3.33公顷，总投资600万元，建成拥有18幢猪舍、面积8000平方米的大型养猪场，规划饲养优良种猪500头以上，年出栏肉猪1万头以上。四是吸引外地商人，兴办新甘棠鸽场。投资120万元兴建800平方米鸽舍，年饲养3500～5500对种鸽，年产肉鸽8万～12万羽。此外，还引进个体商人兴办竹业基地，累计投资140万元，开发竹业基地约366.67公顷，种植甜笋竹、篙竹、泥竹，其中规模较大的马屋、下坑基地200公顷、车头洲基地约66.67公顷。

农业龙头企业的兴起，对于推动武江农业产业化企业化发展，促进农业生产经营迈上新台阶起到了积极作用。特别是韶关市日丰农业技术有限公司创办的黄塱出口蔬菜基地，以“公司+基地+农户+市场”的经营方式，辐射带动周边400多农户扩大生产，生产的优质蔬菜加工出口日本等地，成为韶关市第一家直接打入国际市场的蔬菜生产流通企业。此外，沙山良种猪场和润旺良种猪场的创办，也为区域的生猪品种改良升级换代和畜牧业的发展起到了积极作用。到2002年底，全区农业总产值9410万元，比1997年增长36.52%，年均增长7.3%；乡镇企业2086家，营业收入133782万元；农村人均纯收入4801元，年均增长7.3%。

三、扶持革命老区的建设与发展

（一）制定老区建设与发展实施方案

1997年初，武江区在实施对口扶贫与扶贫攻坚工作中，以增强老区发展的造血功能，实现老区农民收入的持续增长和老区经济的良性发展为目标，制订《武江区老区建设与发展实施方案》。一是进一步加强对扶持老区工作的领导。老区人民在革命战争年代做出了重大贡献，现在老区存在的贫困和发展缓慢问题，不仅影响全区实现现代化的步伐，也影响着老区群众与党和政府的感情。大力扶持老区建设，帮助老区人民脱贫致富，不仅是一项经济任务，更是一项重要的政治任务。各级政府及有关部门的领导对此应有深刻认识，把扶持老区工作列为本单位、本部门义不容辞的责任，摆上议事日程，切实加强领导，从财力、物力、人力上加大扶持老区的力度。二是实行块块和条条相结合的责任制。各镇、村和区有关部门都要负起责任，根据总体目标和任务，结合本区、本系统实际，制订出扶持老区的量化指标和具体计划，把指标、任务分解到年度，分年实施，先易后难，逐年完成一批任务，最后进行攻坚。各乡镇负责对当地老区总体扶持，重点扶持管理区集体经济收入达标和老区群众脱贫问题。三是增加扶持老区的资金投入。区财政除每年安排专项资金支援老区发展生产外，对于省市扶持老区的资金，专款专用。同时继续发动社会力量，采取多渠道、多方式筹集扶持老区的资金。四是大力开展科技扶持。大力推广科学技术，是扶持老区发展的重要措施。文教科技部门要下工夫抓好老区的文化教育和科技培训，逐步提高老区的整体文化水平和劳动力素质。多形式、多渠道为老区培养科技人才，各镇、村也开拓门路，广泛组织老区人员进行各种科技培训，提高老区劳动力的科技水平。农业、科技管理部门要扶持老区建立健全农科站、科技协会等组织，使老区科技服务网络化，并大力向老区推广种养、“三高”农业等科学技术，帮助老区群众提高种养效益。组织、人事部门要继续选派科技干部到有老区的镇、村挂职，提高镇、村领导班子推广科技的积极性。五是广泛调动老区群众治穷致富的积极性。各乡镇党委、政府一方面要抓好思想教育，教育老区群众发扬革命传统，自力更生，艰苦创业，克服“等、靠、要”思想；另一方面，要根据市场经济的新形势，教育和引导老区群众确立商品生产意识。这方面既要做口头的宣传教育，更重要的是要以典型引导，下工夫抓出一批典型，让老区群众看得见、摸得着，以事实促使他们转变传统的自然经济观念。同时要抓好精神文明建设，消除各种消极因素，为调动老区群众的生产积极性创造良好的社会环境。

（二）加快老区基础设施建设

1997年9月22日广东省八届人大常委会第三十一次会议通过《关于解决小型水库安全隐患问题的决议》后，武江区按照省、市的规定要求，制定了小型水库除险加固实施方案，逐步完成辖区内包括老区在内的小型水库安全达标工程任务，同时对沐溪水库进行安全加固，为老区建设了一批农村人畜饮水安全工程和“五小”（小水窖、小水池、小泵站、小塘坝、小水渠）水利工程。武江区加大老区交通建设的投入，实现村村通公路乡乡通油路，基本解决了老区人民“行路难”问题，部分老区村庄公路硬底化。其中，1999年下坑、黄塱至糖寮的两条四级乡村公路改造成二级水泥公路，田心路改造成四级水泥公路。

从改善农民基本生产、生活条件入手，加大水、电、路、农田等基础设施建设，通过实施整村推进、易地搬迁、产业扶贫等一系列脱贫措施，增强老区农民可持续发展的能力。其中，为解决西河镇马屋村群众饮水难问题，区委、区政府组织有关部门现场考察，多方集资近30万元于2000年6月19日动工兴建马屋饮水工程，两个多月的时间就解决了188户886人的喝水问题。同年秋，山蕉工作组成员说服鱼塘承包专业户无偿提供抽水机为贫困群众抽水灌溉农田，保障了300多亩（20公顷）水田免遭干旱；黄塱工作组动员群众帮助贫困村民修建长200米、宽25米的机耕路。是年，省道253线龙归镇至清远市银盏段通车后，西河镇前进村扩建5千米四级公路水泥路面。到2002年底，区政府先后投资近2000万元，用于中小型水库的除险加固及农田水利的基础设施建设，大大提高了农业抗御自然灾害的能力，促进了农业结构的调整和经济效益的提高。

区委、区政府重视革命老区社会事业，合理配置教育资源，改善农村教育基础设施，落实九年制义务教育，彻底改造中小学危房，解决好群众“上学难”问题。西河镇黄塱小学扩建涉及周边多个村庄的土地，多年争执不下。2000年10月，区长组织召开现场办公协调会，一次性解决了该小学的土地征用问题。加大革命老区乡村卫生所基础设施配备，做好用房更新和人才培训。加快完善农村新型合作医疗制度，提高补助资金标准，解决好群众“看病难”问题。在加速推进奔康达标工作中，区委、区政府把新农村建设和农房改造作为扶持老区发展的重点，全区80%以上的农户住上砖瓦楼房；75%以上的农户喝上了自来水；完成老区乡村广播电视“村村通”工程，所有行政村都能收听收看到广播电视节目，群众的文化生活得到明显改善。

（三）推动老区经济快速发展

从1998年起，武江区委、区政府按照省、市的有关文件和会议精神，坚持“依托城市、服务城市、富裕农村”的指导思想，根据老区贫困乡村的实际情况，将扶贫到户作为一项重要措施，把解决老区贫困农户温饱的各项指标量化到户。一是干部包扶到户，即组织各级干部与贫困户结成“一帮一”对子，签订责任书，明确干部包扶任务。二是实体带动，效益到户。通过鼓励企业与农户合作建立农产品生产加工基地，实现农产品产、供、销的良性循环。三是异地开发，移民到户。本着自愿的原则，将贫困农户从生产生活条件特别差的地区搬迁到条件较好的地区，实现异地脱贫。四是社会各界帮扶到户，即组织社会各界对贫困农户进行帮扶。通过全区上下的努力，加快了山区和革命老区农民脱贫致富的步伐，促进了全区经济的快速发展。到1999年底，全区农业总产值7804万元，同比增长6.4%。其中，饲养生猪5.48万头，出栏3.79万头；家禽68.37万羽，出栏58.89万羽；水产养殖产量2500吨，总产值1556万元；农村人均纯收入4133元，比1997年增长27.37%，年均增长13.69%。

2000年3月，武江区贯彻落实广东省人民政府《关于继续实施扶持山区和革命老区乡镇发展“三高”农业，开展“一乡一品”活动议案的决议》和广东省山区工作会议精神，发挥区域城郊优势，以“抓调整、兴科技、办龙头、建基地”为重点，立足于菜篮子建设，加快结构调整步伐，大力发展老区特色农业。

首先，调整和优化农业生产结构，开展“一乡一品”活动。按照“统一规划、统一品种、统一技术、连片种养、分户管理”的原则组织农业生产，使老区、山区在一定区域内的土地、劳动力、技术、资金等生产要素得到优化配置，促使相当部分农户参与经济效益较好的同一主导产品连片开发，加速主导产品生产基地和商品生产规模的形成与发展，促进农业经济的快速增长。在此过程中，良种良法得到大规模的普及和应用，全区乡镇良种覆盖率从40%提高到70%，农业生产结构和产品结构发生了质的飞跃，为山区、老区资源开发实现区域化布局、规范化生产和集约化经营，为山区、老区农业生产结构的调整和优化，提供了宝贵的经验，起到了较好的示范作用。

其次，引导革命老区农村结合自身优势发展规模经济。“一乡一品”主导产品的开发，吸收过去农业开发的经验，努力抓好山、水、田、林、路的综合治理，有效保护生态资源，促进农业生态的良性循环和可持续发展。各乡村选择的主导项目，重点利用资源优势和区位优势，突出群众基础好、经济效益高、产品市场竞争力强的项目，使得“一乡一品”开发真正成为山区、老区经济发展的新增长点。同时引导社会各界围绕主导产品兴办各类中小型的加工、流通服务实体，实现农产品增值，保证农产品流通顺畅，从而促进老区农业产业链的延伸，推进农业产业化进程和农村第二、三产业的发展。“一乡一品”主导产品的生产、加工、流通过程，也给农村富余劳动力提供了就业机会，较好地解决老区农村剩余劳动力的出路，增加了农民收入，促进了农村经济的发展，在一定程度上对拉动农村有效需求，减轻城市就业压力起到了较好的作用。

再次，提高社会力量投资老区农业开发的积极性，不断扩大“一乡一品”辐射带动“数乡一品”的效果。在“一乡一品”的实施开发过程中，由于区、镇政府的组织、示范与成效明显的服务，财政资金及时到位、管理严格，坚定了农民投入的信心，也吸引了社会上各种力量参与山区和老区的农业开发。到2002年底，武江区的“一乡一品”活动，辐射带动了20个村委会、83

个村民小组和1800余户农民的共同参与，形成“数乡一品”连片开发格局。引导建立“一乡一品”主导产品种植基地8500余亩（约566.67公顷），水产基地7500余亩（500公顷），经济竹林基地8000余亩（约533.33公顷）。全区农业总产值9410万元，同比增长4.4%。其中，饲养生猪6.8万头，比1999年增长24.09%；家禽82.04万羽，比1999年增长19.99%；水产养殖产量2815吨，比1999年增长12.6%；农村人均纯收入4801元，比1997年增长47.95%，年均增长9.59%。

四、扶贫“双到”推动均衡发展

经省核定，武江区贫困村6个，贫困户322户1227人。根据省、市扶贫开发“规划到户，责任到人”（简称扶贫“双到”）的工作部署，武江区委、区政府制定结合武江实际的实施扶贫“双到”工作方案，计划用3年时间（2010—2012年），使全区农村家庭年人均纯收入2500元以下的农户基本实现稳定脱贫，80%以上被帮扶的贫困人口达到年人均纯收入2500元以上，6个贫困村的落后面貌有根本性改观。2009年10月30日，武江区委、区政府召开全区扶贫“双到”动员大会，正式启动扶贫“双到”工作。

区委、区政府制定的《武江区实施扶贫开发“规划到户责任到人”工作方案》明确，全区扶贫开发“双到”工作领导小组由区委书记任组长，区长任第一副组长，各镇及机关单位主要负责人为成员。方案明确和细化了2010—2012年全区扶贫“双到”工作的指导思想、目标任务、工作要求、保障措施和工作责任。

扎实推进扶贫开发“双到”工作。每年，区委、区政府都将扶贫开发“双到”工作列入全区的重点工作之一。每年都根据全区扶贫开发“双到”工作的重要节点，召开专题会议专门部署工作。区党、政主要领导经常带领相关人员深入乡镇和贫困村，贴近实际，靠前指挥，检查扶贫开发“双到”工作进度和落实情况，发现问题迅速纠正，及时总结推广经验。各帮扶单位均成立了以“一把手”为组长的领导小组，单位领导主动帮扶到户，把帮扶贫困户的责任落实到人。各级干部分工挂钩联系贫困户，处级干部3户，正科级干部2户，副科级干部1户，一般干部2人1户。

全区各级、各帮扶单位认真按照实施扶贫开发“双到”工作的要求，深入摸底调查，张榜公示，宣传扶贫政策，做好扶贫开发“三公开”工作，结合实际和贫困户意愿制定帮扶措施，实施帮扶方案，做到户有卡、村有表、镇有册，扶贫档案资料齐全。各帮扶单位的主要领导及各帮扶责任单位责任人每年初都与各村“两委”干部及被帮扶贫困户共同商讨制定新一年度的工作计划及帮扶措施，沉下身子真抓实干，扎实做帮扶工作，推动全区扶贫开发“双到”工作顺利进展，取得实效。

全区形成“三级一体”的扶贫“双到”工作督查考评机制，确保规划、责任、管理“三到位”。第一级，由区政协主席、人大常委会副主任、区委常委（组织部部长）、区政府分管领导和区直部门有关领导组成的区委区政府督导组，采取“季度小考、半年中考、年末大考”的方式，督查考评全区扶贫“双到”工作责任单位责任人。第二级，按照区扶贫“双到”工作机制要求，全区6个贫困村的牵头帮扶责任单位都制定了督查考评制度。第三级，全区5个镇也建立健全了督查考核制度。此外，区委、区政府还制定《武江区扶贫“双到”工作驻村干部管理规定》，明确驻村干部的职责、要求、保障，区“双到”办举办驻村部培训班，确保“双到”面对面、心贴心的工作措施的落实。与此同时，区委、区政府还加强全区扶贫开发“开发”工作的信息报送和新闻报道，《韶关日报》多次报道武江区的扶贫开发“双到”工作，区扶贫办三年共编印《武江区扶贫开发“双到”简报》41期。

注重创新，突出产业帮扶。在3年的扶贫工作中，由区扶贫办牵头，选择特色农产品种植，与优秀农民专业合作社共同整合优质资源，建立了帮扶带动全区贫困村集体经济发展的区级产业扶贫基地。还借助扶贫单位的资金、技术、信息等优势，因地制宜，大力实施“一村一业”“一村一品”工程，依托本地资源，大力推广“合作社+基地+农户”产业化扶贫模式，在贫困村成立各类农民专业合作社，充分发挥农民专业合作社的辐射带动作用，引导贫困农户发展规模化、集约化生产。6个穷困村都各抓住一个主导产业，成立专业合作社，各形成一个规模化生产基地带动农户脱贫致富的长效机制。如武江区政府在龙归镇龙安村扶持建立龙安淮山产业扶贫生产基地；市人大机关及市质监局在江湾镇瑶族村推广灵芝种植；区农业局在重阳镇水口村推广花生、油菜花种植，同时帮助村委会建立一间花生榨油厂；区纪委在龙归镇后坪村推广丝茅姜、金银花种植；区教育局在重阳镇大夫村推广西瓜种植；区水务局在重阳镇妙联村推广生姜种植；重阳镇政府在本镇的青暖村推广蚕桑种植。2011年期间，《韶关日报》记者在对武江区扶贫开发“双到”工作跟踪采访中，报道了“一个‘基地’帮扶5个贫困村”“六个‘合作社’脱贫6村人”的惊人成效。龙归镇龙安淮山产业扶贫生产基地负责人赖得雄告诉记者：“区政府投入80多万元，扶持和改善淮山种植基地的基础设施建设，扩大了‘龙安’牌淮山种植规模，让12公顷的沙坝地转变为产业扶贫基地，并从生产利润中拿出10万元分给了5个贫困村，合作社已签订了25年的合作协议。”江湾镇瑶族村村民邵丁保告诉记者：“去年建新房欠下的2万元债务，今年可全部还清了。”“政府帮助灵芝种植户，每立方米灵芝补助栽培袋1000元，自己种了四五立方米的栽培袋。一年可以收获两期，每期灵芝的利润有8000元，一年下来，仅灵芝这一块的收入就有1万多元。”在劣势中寻找优势，因地制宜地发展特色产业，使产业扶贫成为扶贫开发的突破口，是武江区发展贫困村经济的一条成功经验。

五、扶贫攻坚推动革命老区新发展

（一）实施新一轮扶贫“双到”工作

2013年，武江区老区的新一轮扶贫开发“双到”工作启动。省核定武江区4个穷困村。区委、区政府围绕增加农民收入，缩小城乡差距的目标，进一步创新体制机制，加大工作力度，做到领导到位、认识到位、措施到位，推动扶贫开发“双到”工作“精准到位”，实现“输血造血”新突破，做到“10个100%”，扶贫取得显著成效。

一是注重“两提高”，贫困户人均纯收入明显提高。4个贫困村的贫困户年人均纯收入从2012年的2911.45元提高到2015年的11617.95元，增长幅度高达3倍。贫困村集体经济收入大幅提高。4个贫困村集体经济平均收入从2012年的1.06万元提高到2015年的11.5万元，增长了9.85倍。

二是力促“四改善”，贫困村面貌大变样。4个贫困村培育了自己特色的产业，相继成立了7个农民专业合作社，有劳动能力的211户贫困户全都加入其中。以“合作社+基地+农户”的模式，在贫困村大力发展冬菇、木耳、蔬菜、莲藕、慈姑、优质水稻等农业特色产业，4个贫困村初步建立了可持续发展的长效机制。4个贫困村共有自然村36个，其中有31个自然村进行了村庄整治，占总数的86.11%。贫困村村容村貌、基础设施得到彻底改变；教育、文化等设施进一步完善。贫困村在党务、村务和财务的管理制度上也做了大量工作，建立健全了各项规章制度和集体经济管理机构，确保各项工作有法可依、有章可循、有人管事，使民主理财走上制度化、法制化轨道。农田水利基础设施得到加强改善。4个贫困村从2013年起都相继启动了高标准农田整治建设项目，共投入资金700多万元，灌溉农田受益面积约387公顷，完成“三面光”水渠建设约20.2千米。

三是做到10个100%，扶贫“双到”创佳绩。10个100%：一是211户有劳动能力的贫困户年人均纯收入达到9891.14元，100%脱贫。二是262户低收入住房困难户住房改建任务100%完成。三是4个村149名60岁以上贫困人口100%参加了新型农村社会养老保险。四是4个村226户794名贫困人口100%参加了新型农村合作医疗。五是贫困村内90名7—15岁的贫困户子女100%接受义务教育。六是4个贫困村内无劳动能力户及生活困难的62户贫困户173名贫困人口100%纳入最低生活保障，做到了“应保尽保”。七是4个贫困村100%完成了安全饮水工程建设，村民都解决了安全饮水问题。八是贫困户劳动力技能培训率为100%。九是贫困村300人以上自然村村道硬底化率为100%。十是贫困村公共服务设施拥有率为100%。

（二）扎实推进新时期精准扶贫工作

2016年初，省委、省政府和市委、市政府部署新时期精准扶贫工作。武江区新时期精准扶贫工作有省核定相对贫困村7个，相对贫困村内有贫困户286户，896人；分散在其他各村的相对贫困户533户，1096人。武江区认真落实市委、市政府提出的新时期精准扶贫工作任务目标，深化认识，增强责任，紧紧围绕贫困户稳定脱贫和贫困村面貌明显改变两大目标，准确把握关键环节，突出重点，突破难点，攻坚克难，下定决心，强化责任，狠抓落实，全区扶贫工作取得显著成效。

在实施新时期精准扶贫工作中，武江区充分发挥各级党委统揽全局、协调各方的领导核心作用，实行脱贫攻坚一把手负责制，区、镇、村三级书记一起抓，为脱贫攻坚提供坚强的领导力量。区成立由区委书记为组长，区长为执行组长，区政协主席、区委副书记、区人大常委会副主任、分管副区长、区委农办主任和高埗镇分管副镇长为副组长的全区精准脱贫攻坚工作领导小组，指导规范全区新时期精准扶贫工作。区委、区政府与5个镇签订脱贫攻坚责任书，立下军令状，明确脱贫攻坚时间表、路线图，并将脱贫任务逐级分解、分年推进、责任到人，落实到村到户到人。由区委副书记、区政府分管副区长为正、副组长的武江区精准扶贫工作督导组，定期或不定期地明察暗访区精准扶贫工作，采取会议或文件形式通报督导情况，促进精准扶贫工作扎实有效进行。

从2016年4月开始，武江区按照“不遗漏一户贫困户、不错认一户贫困户”的原则，驻村干部与镇、村相关人员组成工作组逐村核对相对贫困户，进行初步核实认定，并及时召开村民代表会议表决，公示相对贫困户的条件和名单，接受群众监督，做到相对贫困户精准无误。并根据省确定的贫困户认定标准和方法，深入相关镇、村及农户反复核查识别，对公示过程中群众提出的疑点再行识别。2016年确认武江区共有贫困户819户，贫困人口1992人。

按照省、市、区扶贫开发“双到”工作部署和要求，武江区7个相对贫困村由东莞市高埗镇负责帮扶。非贫困村共计533户相对贫困户由区直机关负责帮扶。新时期结对帮扶参加对象包括区、镇在职的干部600多人。其中，区四套班子成员全部安排承担相对贫困村和相对贫困户的帮扶任务。东莞市高埗镇党委政府的主要领导和选派来的7名干部，第一时间到区参加对接座谈会。武江区党政主要领导多次深入负有脱贫任务的3个镇检查指导驻村工作队工作情况。高埗镇帮扶干部驻点以后，与区驻村干部一道，同吃同住同工作，夜以继日调查摸底，精准识别，完善基础资料，建档立卡，制定帮扶规划，紧张有效地开展具体的扶贫工作，深受当地干部群众的欢迎。

在充分调研摸底的基础上，武江区制定了《武江区2016—2018年开展精准脱贫攻坚工作实施方案》《武江区2016—2018年三年脱贫攻坚规划》《武江区2016年度工作计划》。并结合实际，陆续制定和出台《武江区新时期精准扶贫就业扶贫“以奖代补”操作细则》《武江区精准扶贫开发资金筹集和使用监管细则》《武江区教育精准扶贫精准脱贫三年攻坚实施方案》《武江区经信局关于印发武江区农村电商精准扶贫精准脱贫三年攻坚实施方案》《关于印发武江区信息化精准扶贫精准脱贫三年攻坚实施方案》《武江区农业产业精准扶贫精准脱贫三年攻坚实施方案》《武江区改善农村人居环境精准扶贫精准脱贫三年攻坚实施方案》《武江区培育“领头雁”农村青年人才助力精准脱贫三年行动计划实施方案》《韶关市武江区卫生计生新时期精准扶贫精准脱贫三年攻坚实施方案》以及与中国邮政银行韶关城区支行签订金融扶贫战略合作协议等综合措施，全面规范和指导精准扶贫工作。

为了营造有力的脱贫攻坚战舆论氛围，武江区充分利用广播、电视、宣传栏等宣传工具，大力宣传脱贫攻坚工作的重大意义、工作成效，大力宣传精准扶贫精准脱贫的政策、成果和经验，加强贫困户思想教育，提高贫困户坚持自力更生、积极主动脱贫致富的思想认识，消除“等、靠、要”等思想，引导贫困户充分发挥自身的积极性、主动性和创造性，激发贫困户主动脱贫的内生动力，切实加快脱贫奔康步伐。

为了强化精准扶贫精准脱贫工作的组织保障，武江区发挥党总支核心领导作用，以抓党建促扶贫为抓手，扎实开展脱贫攻坚与基层党建“双推进”工作。同时，推进以非公企业与村级组织“结对联姻”为主的“互联共建”工程，在符合全区产业发展规划的前提下，采用吸引企业出资、村党组织出力、党员引领带动、农户得实惠的生产模式，强化力量，精准扶贫。一方面，企业为村党组织提供物资、技术、资金的支持和基地现场教学以及理论知识教育，推进造血式扶贫。另一方面，镇党委为“两新”组织破解党建工作瓶颈，全面提升“两新”组织党建工作科学化水平和党组织覆盖率。

武江区委对纳入省定相对贫困村的7个村，选派了7名副科级干部任驻贫困村工作队副队长兼第一书记，明确第一书记全脱产驻村，并要求第一书记在村委“两学一做”学习教育中发挥示范带头作用，带头制定学习教育计划，带头做合格共产党员。同时要求第一书记在加强基层组织、推动精准扶贫、为民办事服务和提升治理水平等四项工作中起到骨干和生力军的作用。

武江区高度重视扶贫资金的筹措、使用和监管工作，2016年为区扶贫办和扶贫任务较重的镇增加工作经费近20万元。在区财政不太宽裕的情况下，以每个贫困村每年30万元的预算额度，为7个相对贫困村拨出扶贫专项资金210万元，开发建设扶贫项目。区出台《韶关市武江区精准扶贫开发资金筹集和使用监管细则》，着力监管扶贫资金用途，对扶贫资金的筹集和使用进行了规范。整合各类扶贫资金和涉农项目资金，集中财力、物力，集中攻坚脱贫。鼓励社会各界支持脱贫攻坚工作，引导群众自筹资金。筹集各级财政资金1125.63万元，其中各级政府投入财政资金1018.4万元，社会帮助资金96.23万元，行业资金11万元；到村资金651.83万元，到户资金473.8万元，为脱贫项目提供资金保障。驻村干部通过与镇、村干部的协商并根据各村实际确定27个既符合当地发展需要，又符合当地群众意愿的项目，这些项目包括路灯建设工程、村道硬底化建设工程、村民健身广场建设工程、增加村集体收入项目等，2016年底这些项目部分已竣工，部分正在实施推进中。

武江区通过引导贫困村注资实体企业及建设光伏发电等项目，引导贫困户发展特色优势产业和开辟劳动力转移就业等途径，有效地促进贫困村、贫困户早日脱贫致富。2016年全区共有相对贫困户819户，1641人全部脱贫，其中有劳动能力户人均可支配收入6433元以上，无劳动能力户全部纳入低保五保，实行政策兜底。重阳镇的3个贫困村计划投入10万至15万元用于发展村集体经济，如九联村计划铺设太阳能电池板，通过光伏发电供应周边村民，收取电费为村集体增加收入，黄岸村和万侯村则分别入股韶恒食品有限公司和华青养殖公司，通过入股分红增加村集体收入。江湾镇湖洋村及梁屋村分别投入资金12万元及18万元安装10千瓦及18千瓦的太阳能光伏发电工程项目。

武江区充分利用区位优势，以“合作社+基地+农户”的模式，在贫困村大力发展蔬菜、油菜花、番薯等农业特色产业，成为区产业扶贫的增收亮点。到2016年底已有4个贫困村培育出自身特色的产业，1个贫困村成立农民合作社，培育示范基地，辐射带动近100户贫困户约220人参与产业化生产。重阳镇2016年冬投资27.5万元，在重阳、黄岸、万侯三个村打造约1.67平方千米油菜花观光旅游示范点，并在示范点附近设置多个农贸小市场，优先提供给贫困户摆卖农副产品，以休闲观光旅游带动农产品销售及周边农家乐发展，让贫困户和村民共享旅游资源开发和旅游产业发展带来的红利。江湾镇湖洋村利用原有的农民专业合作社鼓励贫困户种植番薯，并新建一间番薯深加工作坊，进一步提高产品附加值，加工作坊已于2016年11月投入生产。

武江区高度重视贫困村基础设施建设，切实改善贫困村村民生产生活条件。2016年启动贫困村庄亮灯工程建设和村道改造工程等。重阳镇的黄岸村、九联村、万侯村共投入40万元完成3个村的村庄路灯建设；龙归镇山前村投入5万元完成太阳能路灯安装，投入18万元建设了标准篮球场；方田村投入8万元完成村文体广场及配套设施建设；江湾镇湖洋村投入11万元完成村主干道路桥的修缮以及村庄路灯的安装；梁屋村投入10万元完成梁屋村小组公厕改造工程及村庄路灯建设项目。7个贫困村的环境卫生状况进一步改观，体育、文化设施进一步完善，实现了通电、通邮、通信和电视转播，群众生产生活条件明显好转。

进一步加强村级领导班子、党员干部队伍建设，不断提高“发展经济、化解矛盾、党建管理”三种能力。一是建强党支部领导班子，教育引导支部成员加强理论学习，进一步提高理论素养和工作筹划能力、民主议事能力以及带领群众脱贫致富的能力；二是加强党员的培养、教育和发展，注重从大学生“村官”、致富能手、退伍军人中发展党员，不断增强党支部的活力；三是认真贯彻民主集中制原则，落实好“七项组织生活制度”，严肃组织纪律，加强党员管理，搞好民主监督；四是加强村集体经济建设，构筑村“两委”服务群众、改善民生的经济基础。

教育帮扶脱贫取得大成效。成功申请40万元教育资金为重阳九联村的九联小学改善办学条件。成功协调解决重阳万侯小学复办问题，万侯村小学生无须再长途跋涉到镇上上学，同时也解放了一部分劳动力，让以前需要接送小孩上学的父母有机会外出打工。万侯小学已于2016年9月1日正式开学。区教育局还将贫困家庭学生全部纳入政府资助范畴，每学年优先资助，金额为300元、500元至1000元不等。

贫困户住房改造进展顺利。2016年，武江区需完成危房改造任务为130户，年底竣工73户，占任务总数的56.15%，已动工未竣工的57户，占任务总数的43.85%，在2017年3月底全部完成。

第七节　以打造区域中心为目标，全力推进芙蓉新城开发建设

芙蓉新城位于韶关市武江区的西联镇，2003年，《韶关市总体发展概念规划》正式确定在西联镇建设新城区；2005年，韶关正式命名新城区为“芙蓉新城”，相关建设也就此拉开序幕；2013年，芙蓉新区发展总体规划获得省政府审议通过。自芙蓉新城开发建设启动以来，武江区委、区政府认真贯彻市委、市政府的决策部署，举全区之力推进新城各项开发建设工作。

一、全力加快征地拆迁安置工作

根据市委、市政府关于进一步加快芙蓉新城开发建设的指示精神，全力推动征拆交地工作，截至2018年8月底，芙蓉新城共组织集中清表和房屋拆除行动55次，累计完成重点项目清表交地约198.25公顷，共签订房屋拆迁协议877户，拆除房屋面积约30.81公顷；完成坟墓迁移1140座。芙蓉新城重点项目征拆交地取得重大突破。现已完成净地交付的项目有芙蓉大道南、滨江商务中心、市第一人民医院、下胡安置新村、北江航道孟洲坝扩能升级改造工程（即“五改三”项目）等21个。除了21个净地交付重点项目，赤水旧村庄全部完成拆除，周边地块已完成清表，连片交地约2公顷；碧桂园连片交地项目石灰窑头村完成整村拆除和清表，交地约1.33公顷；民营三甲医院项目用地红线18.27公顷，已完成连片清表交地17.33公顷；15号路、27号路等新城路网累

计交地约4公顷，基本确保了已施工道路的建设。莞韶园征拆方面，全面完成新323线最后一千米约4公顷的交地工作，全面完成沐溪大道改扩建项目沿线6千米的交地工作。村民安置保障逐步得到落实。截至2018年8月，芙蓉新城5个安置村分配房共1902套（其中赤水新村207套，西联新村699套，芙蓉新村474套，车头新村522套），下胡安置新村已净地交付使用，正在紧锣密鼓地开工建设中。

二、加快芙蓉新城基础设施建设

按照统筹规划、适度超前的要求，加快新区基础设施建设，构建高效绿色的综合运输体系、低碳清洁的能源体系、智慧高效的信息网络体系、健全优质的给排水体系、现代化的垃圾处理体系和安全可靠的综合防灾体系。

（一）构建高效绿色的综合运输体系

加快推进广乐高速—韶赣高速北连接线的前期工作，构建城市高速外环。提高京港澳高速公路、韶赣高速公路的通行能力。加快国省道主要公路干线的改造，建设快捷通达的公路网络。加快韶关机场规划建设进程；加快北江航道五级升三级前期工作。在京广高铁韶关站建设芙蓉新城综合客运枢纽（一级站），实现高铁、长途汽车、公交、城市轨道等多种交通方式“零距离换乘”。加快建设韶关南汽车客运站（一级站）。谋划建设韶关机场客运枢纽。加快建设韶关物流配送中心、龙归物流中心等陆路货运枢纽。

（二）构建健全优质的给排水体系

重点保护饮用水源保护区，完善水源地保护管理体系及水源地预警预报体系，确保饮用水源水质100%达标。加快新区供水管网和供水设施建设。完善雨水系统工程建设。根据地形特点规划雨水管道系统及截流收水设施，使雨水分散就近排入自然水体。完善污水系统工程建设。污水管网与城市同步建设，污水管网难以覆盖的村镇布置分散式污水处理设施。提高水资源利用效率，建设节水型社会。实行用水总量控制与定额管理相结合，发展节水型都市农业和现代工业，建设节水型城镇，加快节水公共基础设施建设。强化水污染防治和水生态环境建设，建设环境友好型社会。逐步建立中水回用系统，充分集蓄和回用雨水资源，到2030年中水回用率达到30%以上。制订水源地建设和保护规划，重点保护饮用水源，逐步建立水资源统筹管理机制、水量分配和水质控制机制。

（三）构建现代化的垃圾处理体系

逐步实行生活垃圾的分类收集，实现无害化、减量化和资源化。新建及改造一批垃圾转运站，加快城乡垃圾收集点建设，形成生活垃圾收集、中转、处理系统。明确医疗垃圾的产生、收集、贮存、运输、处理处置等过程各环节的技术要求和管理职责，对医疗垃圾进行集中处置。鼓励企业引进无或少固废污染的清洁生产工艺，采取有效技术经济手段进一步促进工业固体废物的综合利用。

（四）构建安全可靠的综合防灾体系

建立防洪排涝系统。科学设定防洪排涝标准。加快武江河防洪堤、新区和工业园区城市防洪体系的排涝站工程建设，继续推进病险水库除险加固、大型泵站更新改造工作，积极开展流域防洪和水资源配置重大水利工程前期工作。建立消防安全体系。

创新社会消防安全管理，合理布局消防站，完善公共消防设施，确保消防通道的畅通，建立与社会经济和城市建设相适应的消防安全体系。完善抗震防灾系统建设。规划辖区内省道及主要路段等抗灾疏散主通道，保障城市供电、供水、通信、消防、粮食、医疗等生命线系统安全；利用广场、公园、绿地、体育场等统筹布局避难疏散场所；做好工程抗震安全性评估及管理工作，保障道路桥梁、重大基础设施、医疗卫生设施等生命线系统的正常运行。加强人防建设。结合民用建筑修建防空地下室地下空间，开发面积不小于 100 万平方米。建设城市战时防空袭防护体系，提高新区防御空袭的综合防护能力。

三、加快构建芙蓉新城产业体系

依托资源型城市转型、老工业基地振兴和“双转移”（劳动力转移、产业转移）政策，大力发展装备制造业、着力培育战略性新兴产业、改造提升传统优势产业、加快发展生产服务业、积极发展生活服务业，构建“3+2” 现代产业体系。

（一）发展现代特色工业

重点发展工程装备、轻工装备和金属加工装备等相关关键基础零部件制造业。发展为节能减排、循环经济、环境保护提供技术基础和装备保障及服务的产业。力争在节能技术和装备、高效节能产品、节能服务产业、先进环保技术和装备、环保产品、环保服务等六大领域，打造相对完整的节能环保产业链。大力发展生物培养和拟生态条件下规模化种植的濒危稀缺、名贵中药材，逐步建立以生物制药、血液制品、现代中药、名贵药材种植、保健食品等几大领域协调发展的产业格局， 形成集生物医药创新、制造、流通和服务一体化的产业链条。

（二）改造提升传统优势产业

充分利用优质水及丰富的农林业资源，加快培育食品饮料行业、农副产品深加工业和林产品深加工业，重点发展功能性食品、保健食品、茶叶、饮料和花卉，发展木业加工和家具生产。抓好产品标准化认证和示范园建设，加大特色产品品牌培育力度，增加产品附加值。积极贯彻落实省“双转移”战略及系列政策措施，进一步引进国内外知名玩具企业到韶关投资设厂，壮大玩具产业集群的规模。通过市场着力推动上下游配套企业发展，完善玩具主导和配套品系产业链。

（三）发展两大现代服务业

加快发展现代商贸业，培育特色商品市场商圈带，全面提高专业批发贸易市场集散能力，发展大型化、高档次专业批发市场，打造区域性商贸中心。积极发展现代物流业，依托铁路、公路和北江航道等组成的综合运输通道，发展重要物资交通运输、仓储服务功能，大力发展煤炭、天然气、成品油和农产品物流。

第八节 学习贯彻党的十八大精神，开启全面建成小康社会新征程

2012年11月8日，举世瞩目的中国共产党第十八次全国代表大会在北京隆重召开。全区党员干部收看开幕盛况，聆听了大会报告。胡锦涛同志的报告旗帜鲜明，内涵丰富，思想深刻，全面把握了中国发展所处的历史方位，科学描绘了中国改革开放和社会主义现代化建设的发展前景。广大干部群众一致表示要认真学习贯彻落实十八大精神，要以高度的政治责任感、饱满的工作热情投身到更新的工作中，立足本职岗位，抓住机遇，创新发展，努力开创武江建设新局面。

一、抢抓机遇谋划武江经济社会新发展

2013年1月，武江区委八届二次全体扩大会议要求，把贯彻落实十八大精神成果转化为争取武江新一轮发展的实际行动，奋力开创武江经济社会发展新局面。要围绕发展和稳定两个主题，以加快发展为主线，坚持城镇化和工业化“双轮驱动”战略，以加快产业园区的转型升级和建设做强工业经济为重点；以加快新城建设为契机提升第三产业，促进经济快速健康发展；加强社会管理，促进社会和谐稳定；加强作风建设，提高党建水平。2013年要紧紧把握三个抓手，全面推进各项工作。一是以重点项目和重点工程建设为抓手促进经济发展。要着力推进重点项目，强化

工作措施，争取重点项目建设的新突破；要着力推进新城建设和“三旧”改造，合理规划产业布局，完善现代服务业产业体系。要着力推进产业园区转型升级，突出外引内提，扶优做强工业经济。二是以加强和创新社会管理为抓手促进社会和谐稳定。针对武江区社会管理面临的新情况和新问题，必须切实加强和创新社会管理工作，着重在制度机制层面解决矛盾和问题。三是以干部作风建设为抓手促进党的建设和干部队伍建设。要加强作风建设，提高广大干部的执行力；要加强思想建设，提高广大干部的理论素养；要加强党风廉政建设，提高党员干部的公信力。

2014年1月，武江区委八届三次全体扩大会议要求，坚持稳中求进的工作总基调，把全面深化改革贯穿于经济社会发展各个领域，紧紧把握以改革促发展的主题，继续坚持城镇化和工业化“双轮驱动”战略，推进思想、体制改革；紧紧抓住芙蓉新区起步区建设，推进经济和社会发展改革；紧紧抓住群众路线教育实践活动，全力推进党的建设上新水平；紧抓机遇，改革创新，全力推动武江新发展。会议对2014年全区工作做出全面部署。一是紧紧把握改革的主题，推进思想、体制改革，用改革促发展。充分认识全面深化改革的重要性和紧迫性；全面贯彻落实中央、省委和市委关于全面深化改革的部署和要求。二是紧紧抓住芙蓉新区建设，全力以赴推进经济和社会发展改革。坚持以芙蓉新区建设为“第一载体”，加快推进城镇化，力求城市形象再升级；坚持以结构调整为“第一抓手”，稳步推进工业化，力求经济发展再提速；坚持以社会和谐为“第一责任”，创新举措强化管理，力求发展环境再优化；坚持以人民幸福为“第一追求”，尽心尽力谋民利，力求民生福祉再增进。三是紧紧抓住群众路线教育实践活动，全力推进党的建设上新水平。以为民务实清廉为主题，组织开展好群众路线教育实践活动；以强化思想政治建设为重点，坚守共产党人精神追求；以强化组织建设为基础，打造高素质党员干部队伍；以推进党风廉政建设为抓手，进一步营造风清气正的发展氛围。

2015年1月，武江区委八届四次全体扩大会议对2005年全区工作进行了部署。一是全面加快“两化”进程，以改革创新的精神力促经济实现新发展。以芙蓉新城为着力点，在加力提速城镇化上谋求新突破；以甘棠园区和莞韶园区为着力点，在促进工业结构调整上谋求新突破；以重点项目为着力点，在提升现代服务业水平上谋求新突破；以农业现代化为着力点，在加强农业基础上谋求新突破。二是全面统筹城乡发展，以营造更加公平的社会环境持续改善民生。坚持加大投入，不断提升民生保障水平；坚持统筹兼顾，不断提升基本公共服务水平；坚持绿色发展，不断提升可持续发展能力。三是全面推进依法治区，以法治思维和法治方式维护社会和谐稳定。突出法治手段化解社会矛盾，最大限度地减少社会不稳定因素；突出加强普法教育，为建设法治武江营造良好的社会环境；突出发挥人大、政协、司法机关的作用，形成推进法治武江建设的强大合力。四是全面落实从严管理干部队伍各项要求，聚精会神抓好党的建设。巩固拓展群众路线教育实践活动成果，从严从实抓好领导班子和干部队伍建设；加强基层组织建设，夯实推动发展的基层基础；加强党风廉政建设，进一步营造风清气正的良好氛围。

2016年9月23日，中共韶关市武江区第九次代表大会指出，今后五年是全国全面建成小康社会的决胜阶段。要坚决贯彻落实市委、市政府决策部署和区“十三五”规划，围绕建成韶关城市经济发展先行区的定位，主动融入珠三角，全力落实“项目攻坚、城市提升、县域发展”三大主题工作，进一步解放思想，改革奋进，努力在全市率先全面建成小康社会。今后五年主要抓好七个方面的工作。一是解放思想，争当韶关加快振兴发展排头兵；二是改革创新，打造韶关城市经济发展先行区；三是加强“三农”工作，促进城乡协调发展；四是推动文化繁荣，提升武江文化软实力；五是坚持依法治区，推进法治社会建设；六是突出民生保障，加快社会事业发展；七是全面从严治党，提升党的执政水平。

二、开展党的群众路线教育实践活动转作风

2014年2月17日，全区党的群众路线教育实践活动正式启动。各单位按照“统一部署、梯次展开、压茬进行”的要求，相继召开专题民主生活会、专题组织生活会，开展民主评议党员活动，广泛听取各阶层、各行业代表意见建议，收集群众亟待解决的重点难点问题，全面、客观、真实掌握第一手资料，“零距离”倾听民声，体察民情，分担民忧，解决问题，有力有效推动全区活动的深入开展。

（一）选准抓实载体搭建新平台

教育实践活动中，武江区积极巩固和创新服务群众平台，一方面，完善和深化服务群众老品牌，继续发挥“爱心超市”济困暖心作用，加大宣传和筹款筹物工作力度，延伸服务范围，确保各类困难家庭每月按时领到免费基本生活物资。继续抓实“乡村夜话”固本强基作用，利用晚上和农闲时间进村入户察民情，听民意，加强基层组织建设，促进乡镇经济发展、和谐稳定。继续深化“红心结”排忧解困作用，坚持“上门服务、心手相连”，完善服务机制，提升服务水平，确保及时提供群众所需服务，实际困难及时得到解决。继续强化“两代表一委员”桥梁纽带作用，充分发挥“两代表一委员”工作站“了解社情民意、回应社

会期盼”的重要载体作用，为“两代表一委员”履职尽责提供支持。另一方面，积极探索和创新联系服务群众新平台，在江湾镇试点推行“三点三队”服务法，构筑镇、村、组便民办事服务链；在西联镇设立莞韶城一期征地工作联络室，聘请村民担任征地监督员，推行“阳光征地”工作机制；在新华街试行组建先锋志愿服务队，开展“三送三帮”行动；在西河镇开展“干部驻进去、智慧用进去、感情投进去”，“出思路、出实惠、出新风、出典型”的“三进四出”活动。

（二）立行立改确保活动取得实效

武江区把教育实践活动与为民办实事、解难题相结合，事关群众利益的问题一经了解，立即组织相关部门马上解决。针对群众反映全区多个路段存在渣土违规运输、撒漏污染环境等问题，区政府立即组织城管等相关部门开展专项整治行动，有效遏制了这一乱象。破产企业老党员反映厂区大树存在安全隐患，区城管、惠民街道立即组织人员解决。群众反映红尾坑社区公路年久失修，路面损毁严重，造成出行困难，新华街投入70多万元修建水泥路。重阳镇投资200多万元重建陀村桥和大夫前桥，解决周边村庄群众出行不便难题。

武江区对工作中发现的问题，凡能解决的和有关部门商量现场做出答复；暂时不能解决的，责成相关部门跟踪落实，给群众一个满意的答复。武江区还设置“立行立改公开栏”将梳理出的问题列表公开，明确责任单位、责任人、完成时限和进展情况，便于干部群众监督。区委、区政府先后4次召开问题交办会，对查找到的56项问题进行交办，明确承办部门、责任人和解决时限，并将整改进度和结果及时公示。

（三）以整风精神抓好“两会一评议”

武江区各级党组织根据要求，高标准、高质量抓好专题民主生活会、专题组织生活会和民主评议党员各项工作，以整风精神开展批评和自我批评。在区委班子专题民主生活会上，主要负责人以树立标杆、向我看齐的态度，带头揭短亮丑，全体班子成员深挖思想根源，深入剖析个人“四风”方面的突出问题，诚恳接受大家的批评意见，并以严肃、诚恳、负责的态度对其他成员提出批评，得到了省委第六督导组、市领导和市委第四督导组的肯定。区直各单位、村（社区）、“两新”组织等基层党组织纷纷召开专题组织生活会，并开展民主评议党员工作，针对存在的问题提出改进措施和办法，让面广量大的基层党员经受了一次严格的党内生活锻炼。

（四）抓好整改落实建立长效机制

武江区在对照检查材料的基础上，针对征求到的意见建议和专题民主生活会查摆出来的问题，研究制定了专题民主生活会整改方案，并召开常委会议专题讨论研究。在整改方案中，区委常委班子按照“照镜子、正衣冠、洗洗澡、治治病”的总要求，紧扣为民务实清廉主题，重点围绕领导班子“四风”方面存在的20个突出问题，提出了加强思想政治建设、推进经济社会改革发展、提高做好群众工作的能力、加强干部队伍建设、加强作风建设、加强制度建设和加强制度执行力度等7块内容26条整改措施，并明确了整改的具体内容、牵头领导、责任单位和整改时限。

武江区还结合实际，着眼为民、利民、便民，通过坚决遏制“衙门”作风，切实解决群众反映强烈的“门难进、脸难看、事难办”问题，提高为人民服务水平；着眼激发基层创造活力，通过坚决遏制“文山会海”、考核检查评比达标表彰活动过多过滥现象，切实解决工作作风虚浮问题；着眼干部清正、政府清廉、政治清明，通过坚决遏制公款送礼、公款吃喝、奢靡浪费之风，切实解决超标配备公车、多占办公用房和住房、滥建楼堂馆所和违规使用“三公”经费等问题，加快营造风清气正的良好环境；着眼树立正确的政绩观、权力观，通过坚决遏制“形象工程”“政绩工程”，切实解决政绩观错位的问题，在多做打基础、利长远工作方面有更大动作；通过坚决遏制侵害群众利益行为，在解决滥用职权、吃拿卡要、与民争利问题上有更明显成效。

三、全面完成“十二五”规划任务目标

2012—2017年，是武江区实施“十二五”规划，研究制定“十三五”规划的重要时期。武江区委、区政府全面贯彻落实科学发展观、习近平总书记系列重要讲话精神和省委、省政府关于进一步促进粤东西北地区振兴发展战略，按照市委、市政府的总体部署和区“十二五”规划纲要，主动融入大珠三角经济圈，抢抓机遇，创新创业，更进一步加快供给侧结构改革和产业转型升级，突出发展城市经济，较好地解决了发展中遇到的各种问题，推动全区经济和社会各项事业全面持续健康发展，基本完成了“十二五”规划的目标任务，为“十三五”时期全区经济社会全面进入小康奠定了良好基础。

主要经济指标实现新突破。地区生产总值（GDP）突破200亿元，人均地区生产总值突破7万元，地方财政一般公共预算收入突破4亿元。2016年，预计（下同）完成地区生产总值226亿元，五年年均增长7.3%；实现地方财政一般公共预算收入4.1亿元，年均增长13.6%；完成固定资产投资106.8亿元，年均增长

16.8%；城镇居民可支配收入和农村居民人均纯收入分别达3.07万元和1.58万元，年均增长10.3%和11.4%。“十二五”期间各项节能减排提升环境质量任务全面完成。多项经济指标位居全市前列，经济综合实力明显提升。

产业结构优化成效显著。产业结构实现了由“二三一”到“三二一”的历史性转变，三次产业比重由“十一五”期末的3.3∶52∶44.7优化为“十二五”期末的2.8∶47.8∶49.4，以服务业为主导的经济发展新模式基本确立。2016年，预计（下同）农业增加值完成6.59亿元，比2011年增长21.3%，年均增长3.9%；工业增加值完成89.76亿元，比2011年增长26.9%，年均增长4.9%；第三产业实现增加值116.67亿元，比2011年增长58.6%，年均增长9.7%。

芙蓉新城初具规模。城市规划新城累计征地13.33平方千米，交地11.33平方千米。11条主干道路全部通车，芙蓉隧道建设工程完工，城市路网框架基本成型。韶关实验学校、东岗岭学校太阳城分校、中央艺术幼儿园建成办学；18个市级行政服务机构进驻新城；盆景山公园、水系景观、市民文化活动中心等公建配套项目稳步推进；碧桂园酒店开业运营，保利大都会、路虎4S店、前海人寿医院等一批产业项目陆续启动；保利、恒大、碧桂园三大居住片区累计销售住宅近2万套，新城人口集聚效应日趋明显。五个安置新村中赤水新村建成入住，芙蓉、西联新村抽签分房工作有序进行，车头新村房屋主体工程基本完工，下胡新村正在建设。现代化新城框架初具雏形。

老城区提质初显成效。国道323线朝阳段、芙蓉北路已建成通车，工业西路、芙蓉东路、国道323线镇泰路段等3个道路内涝整治项目基本完成，移山路、新群康路、上饶路等市政道路建设稳步推进；新华北三角花园、工业西路至四一九医院大转盘、西河桥西端交叉路口等交通节点整治年内完成。公共配套设施建设和小街小巷综合整治进展顺利。开工建设“三旧”改造项目13个，芙蓉丽景、恒熙华城、繁荣锦苑、沙湖绿洲等商住小区项目已开盘销售；城区四大棚户区安置点全面启动，老城区拆旧建新步伐加快，环境改造初见成效，城市品位大提升。

农业农村发展基础进一步巩固。完成县道公路改建48.4千米，公路桥梁建设及危桥改造8座，改造连通自然村公路34条29千米；实施农业基础设施专项工程70多宗，改善农田灌溉达33.33平方千米，建成高标准农田23.33平方千米，农村饮水工程惠及2.56万人，龙归水利（江湾段）、重阳水利整治工程全面完工。新增农民专业生产合作社61家，新增肉产养殖、石斛种植、食用菌培育等专业生产基地3个，全区农业龙头企业扩大到6家（其中国家级1家、省级2家、市级3家）。农村生活污水处理、生活垃圾集运处置、禽畜养殖污染防治和自然生态修复等新农村建设工作不断推进。5年评选名村示范村35个，名村名镇建设卓有成效。全面完成第一、第二轮扶贫开发“双到”任务，新时期精准扶贫工作正在有序推进。完成农村土地承包经营权确权登记颁证试点等工作。5年完成植树造林面积73.33平方千米，2012年1月武江区被授予广东省林业生态县（区）。投入资金1030万元，辖区地质灾害得到了有效治理。

城市经济发展基础更为坚实。一是第三产业进一步壮大。充分利用高铁、高速公路等新建成的粤北交通枢纽优势，以城市提升为契机，大力发展旅游配套、金融科技、电子商务、总部经济以及精品房地产等产业。5年来，新增高端酒店2家（碧桂园、汇展），成功引进商业银行2家（交通银行、东莞银行），总部经济1家（中国建材韶关总部），加快推进大型旅游文化综合体项目1个（奥园文化旅游城），初步建成电子商务产业园区1个

（黄沙坪创新园），引进大型房地产企业3家（恒大、保利、富力）。2016年，全区线上商贸企业发展到60家，比2011年增加40家。预计第三产业年均增速高出GDP年均增速2.4个百分点。二是工业发展基础进一步增强。传统五大工业支柱产业平稳发展。全区规模以上工业企业达到53家，其中亿元以上企业13家。甘棠工业园累计签约企业42家，22家开始动工建设，4家建成试产，7家年底完成厂房建设，初步形成以化工涂料、装备制造、生物科技、服装生产等为产业主导的特色工业园。武江科技园转型升级加快，破碎机世界龙头芬兰美卓公司与韶瑞重工、国药集团与中茜药业成功并购，徐工集团与铁友机械签约合作，企业竞争力显著提升。

民生事业取得长足进步。5年来11大类民生事业累计投入29.12亿元，年均增长25.6%，占一般公共预算支出的比重逐年递增，从2012年的63%提高到81%。成功申报“国家知识产权强区工程试点”，5年申报各项专利1334件。义务教育标准化100%覆盖，省教育强镇（街）100%覆盖，成功创建全国义务教育发展基本均衡区。建成武江体育馆、18个镇村（居）全民健身广场、80个村（居）电子阅览室等一批文体设施，2013年武江区被评为广东省第四批体育先进区。完成卫生和计划生育机构改革，严格落实各项计生政策，2014年度计生工作成绩显著，被省评为先进单位；新建重阳、江湾卫生院新业务大楼，龙归卫生院改扩建即将完工。应急救助、社会救助、社会福利体系不断完善，5年共发放各类大病救助199.1万元；完成11个试点农村幸福院建设，启动“颐养居”养老项目。扎实推进就业创业工作，城镇新增就业、下岗失业人员再就业、转移农村劳动力人数等均完成省、市每年下达的任务，城镇登记失业率控制在3%以内。每年政府承诺的民生实事基本落实。

社会治理进一步加强。实施平安武江“十大工程”建设，和谐武江建设成效显著，社会大局保持稳定。积极做好各类矛盾的调处，5年来受理矛盾纠纷2946宗，调处成功率达99.6%，信访形势保持平稳。新华街惠民西社区荣获“全国平安和谐社区建设示范社区”称号，61个村（居）被评为“广东省村（居）务公开民主管理示范村（社区）”，花城社区网格化服务管理试点获得市肯定。完成“十三五”规划编制和第六次全国人口普查活动。扎实做好创文巩卫工作，阶段性成效明显，为广大市民营造良好生活环境。

附　录

附录一 中华人民共和国成立前革命力量情况

表一 党组织情况统计表

内容/时期	级别	序号	组织名称	成立时间	撤销时间	成立地点	规模	领导人	隶属关系	备注
大革命时期	县	1	中共曲江支部	1925年12月	1927年7月	韶关下后街	委员3人	欧日章、梁展如、叶凤章	归中共广东区委、中共北江地委领导	—
		2	中共曲江县委	1927年2月	1927年7月	韶关下厚街县农会办事处	成员4人以上	梁展如	归中共北江地委领导	下辖5个党支部，全县党员80多人
	乡	1	中共曲江重阳支部	1926年夏	1927年7月	重阳	党员24人	欧日章	归中共广东区委、中共北江地委领导	今属武江区
土地革命时期	县	1	中共曲江县工委	1932年8月	1933年夏	韶关	3人	马锦、邓强	归中共两广工委领导	—
土地革命时期	区	1	中共西水区委	1931年夏	1933年夏	重阳	下辖3个支部17人	钟利新	归中共曲江县委领导	—

（续表）

内容 时期	级别	序号	组织名称	成立时间	撤销时间	成立地点	规模	领导人	隶属关系	备注
抗日战争时期	省	1	中共广东省委	1938年4月	—	广州	—	张文彬、薛尚实、李大林	中共中央长江局	1938年底省委机关迁武江西河，时间长达一年
		2	中共南方工作委员会	1940年11月	1942年被破坏	广东梅县	委员5人	方方任书记，张文彬任副书记	中共中央南方局	1940年12月迁重阳镇南岸村
		3	广东省立女子师范学校党支部	1941年9月	—	黄塱坝	9人（含1个党支部和2个党小组）	叶林枫	归中共曲江中心县委和中共后北江特委领导	—
	地（特）	1	中共北江特委	1939年7月重建	1940年秋划分为前北江特委和后北江特委	西河	委员4人	黄松坚	归粤北省委领导	—
		2	中共后北江特委	1940年10月	1941年秋（改为特派员制）	西河黄塱坝	委员4人	陈祥	归粤北省委领导	—

（续表）

时期\内容	级别	序号	组织名称	成立时间	撤销时间	成立地点	规模	领导人	隶属关系	备注
抗日战争时期	地（特）	3	八路军驻韶关办事处中共支部	1938年10月	1940年10月	西河	8人	陈健、肖鸣（后）	归中共广东省委、八路军驻广西桂林办事处双重领导	—
	乡	1	中共曲江黄塱坝（今属武江区西河镇）支部	1939年春	—	西河黄塱坝	13人	书记苏志成、张守吾（后）	归中共曲江县委领导	—
		2	西河马蹄脚农场党支部	1941年	1942（1946年解放战争开始时又恢复）	西河	—	邓重行、张华、杜国彪（后）	—	—
解放战争时期	县	—	中共英（德）阳（山）乳（源）曲（江）工作委员会	1949年8月	1949年10月	江湾白石村	—	周平	—	—

表二　党领导的武装力量情况统计表

时期＼内容	级别	序号	组织名称	成立时间	撤销时间	成立地点	规模	领导人	隶属关系	备注
大革命时期	地（特）	1	北江工农自卫军	1927年4月	1927年8月	韶关	1200多人	罗绮园、周其鉴、朱云卿	中共北江地方执行委员会	含武江区农军
	县	1	曲江县农民自卫军大队	1925年冬	1927年7月	韶关	300多人	欧日章、叶凤章	曲江县农会	下辖7个中队，含今武江区的重阳、龙归，共1000余人
	区	1	西水农民自卫军中队	1925年春	1927年7月	重阳	100多人	欧日章、雷国光	曲江县农军大队	今属武江区
		2	龙归（三区）农民自卫军中队	1925年冬	1927年7月	龙归	—	赖兆仪	—	—
土地革命时期	县	1	广东工农革命军北路第六独立团	1928年春	1929年3月	韶关	下辖3个营	卢克平、欧日章、叶凤章	先后归属中共广东省委、中共北江特委、中共曲江县委领导	含武江区域范围
	区	1	第六独立团第三营	1928年春	1929年3月	重阳	—	欧日章	第六独立团建制	—

（续表）

内容 时期	级别	序号	组织名称	成立时间	撤销时间	成立地点	规模	领导人	隶属关系	备注
抗日战争时期	省	1	八路军驻韶关办事处	1938年10月	1940年10月	西河安园	10多人	云广英	归中共广东省委、八路军驻广西办事处双重领导	—
	乡	1	重阳抗日自卫队	1945年2月	1945年8月	重阳	100多人	—	曲江联乡抗日自卫委员会	—
		2	龙归抗日自卫队	1945年2月	1945年8月	龙归	100多人	郑其先	曲江联乡抗日自卫委员会	—
		3	广东抗日青年先锋队龙归分队	1939年夏	1940年4月	龙归	70多人	沈丹凤、王仲华	省抗日青年先锋队领导	—
解放战争时期	乡	—	乳曲边人民联防办事处	1949年4月	1949年10月	江湾	下辖5个民兵中队和1个独立小队，300多人	张清、胡日妹	归连江支队第六团领导	—

附录二 韶关市武江区国民经济发展主要指标统计表（1985年—2017年）

时间	工农业总产值（万元）			财政收入（万元）	农村人均收入（元）
	总产值	工业	农业		
1985年	1604	927	677	203	556
1986年	2106	1349	757	257	624
1987年	2705	1790	915	377	703
1988年	3354	2322	1032	479	817
1989年	3569	2561	1008	689	889
1990年	3812	2687 （4511）*	1125 （4051）**	798	929
1991年	9798	5551	4247	826	1000
1992年	11603	7165	4438	986	1105
1993年	12963	8420	4543	1608	1116
1994年	16483	11236	5247	2279	1440
1995年	17378	11383	5995	2353	1948
1996年	23255	16925	6330	1482	2478
1997年	30680	23787	6893	1691	3245
1998年	40613	33278	7335	1932	3826
1999年	43021	35217	7804	2210	4133

（续表）

时间	工农业总产值（万元）			财政收入（万元）	农村人均收入（元）
	总产值	工业	农业		
2000年	47761	39374	8387	2667	4365
2001年	52694	43685	9009	3536	4619
2002年	68424	50614	9410	5122	4801
2003年	68460	58712	9748	5697	4901
2004年	676125	631448	44677	7461	4483
2005年	715830	667835	47995	7772	4694
2006年	745779	697966	47813	9541	4924
2007年	942957	887790	55167	13946	4754
2008年	966917	906663	60254	15351	5267
2009年	1112410	1051901	60509	17654	6560
2010年	1369164	1301098	68066	22253	7840
2011年	1641114	1564313	76801	24259	8996
2012年	2102464	2018770	83694	27739	10249
2013年	1981880	1890356	91524	33770	11428
2014年	2173117	2080190	92927	40036	12827
2015年	—	914589（增加值）	100762	42197	14508
2016年	—	926467（增加值）	110563	38518	15394
2017年	—	971029（增加值）	109670	39551	16979

说明：* 按1980年不变价计算

** 按1990年不变价计算

附录三 大事记

1924年

冬，曲江重阳暖水乡（今属武江区重阳镇）成立农民协会，欧日章当选为农会负责人。

1925年

春，曲江县第一支农民卫军——重阳（今武江区重阳镇）农民中队成立。

秋，曲江县龙归区（今属武江区龙归镇）成立农民协会。

12月，经省农会中共党员侯凤墀、刘胜侣介绍，重阳人欧日章加入中国共产党。

1926年

5月，曲江县十一区（今属武江区西河镇）广明龙乡农民协会于广明龙村成立。

夏，欧日章在曲江西水重阳、暖水（均属今武江区重阳镇）发展欧典章、张国安、雷炳松、雷国光等23人加入中国共产党，成立中共曲江重阳支部。

1927年

3月，龙归反动民团勾结土匪，屠杀龙归区农民协会干部和农军战士23人，制造震惊省内外的“龙归事件”。

5月，欧日章率曲江农军北上参加南昌起义。

12月，朱德率南昌起义军余部驻曲江犁铺头（今属浈江区），朱德曾在武江区西河镇糖寮村委会麦屋村6天，将此地作为临时办公和指挥机关。

12月22日，欧日章组织发动震撼粤北的西水暴动，暴动持续至1928年1月21日历时31天，南昌走起义军余部朱德部队对此次农民武装暴动给予了大力支持。

1929年

3月22日，欧日章在曲江西水耙齿山（今属武江区）的战斗中壮烈牺牲。

1930年

12月19日，中共曲江县委在芙蓉山脚下秘密召开西河坝农会执委会议，20日凌晨遭国民党包围破坏，邓如兰等80多人被捕。

1931年

1月，因原中共广东省委北江特委书记李一鸣被捕叛变，国民党到龙归、马坝、西河坝、东河坝等地抓捕共产党员和革命干部17人，致使曲江乌石、马坝中共党组织解体。

1月19日，邓如兰被国民党政府杀害。

1938年

10月19日，八路军驻广州办事处从广州北迁至曲江县城河西（今属武江区），改名为八路军驻韶关办事处，在此近两年时间。

1938年冬，中共广东省委迁至韶关，在韶关西河（今武江区武江南路87号）秘密设立省委机关，在此约有一年时间。

1939年

1月7日，中共广东省委在韶关黄田坝（今属武江区）召开第四次执委会。

3月上旬，中共广东省委在韶关西河（今属武江区）举办一期党员干部培训班。

夏，广东青年抗日先锋队龙归分队成立。

7月，中共北江特委在曲江西河（今属武江区）成立。

11月，中共广东省委先后在曲江马坝演山谢屋和韶关北郊（今属武江区）连续召开第五次执委会。

1940年

12月，中共后北江特委机关设在韶关西河八路军办事处。

1941年

9月，中共地下党组织在曲江黄塱坝（今属武江区黄塱坝村）的广东省立女子师范学校成立党支部。

1945年

2月至9月，龙归、重阳等地自发成立民众抗日自卫队，多次英勇抗击和主动出击日军，共消灭日军100多人。

1948年

10月始，曲英乳人民义勇大队进江湾开拓游击根据地，进而西进乳源、英德等地，曲英乳游击根据地初步形成。

11月，曲英乳人民义勇大队在曲江江湾（今属武江区江湾镇）联合当地民众开展反“围剿”战斗。

1949年

4月，乳曲边人民联防办事处在曲江江湾（今属武江区江湾镇）成立。

10月7日，中国人民解放军解放曲江县城韶关。10月10日，中国人民解放军进驻曲江县全境。

后记

为了贯彻落实习近平总书记关于“发扬红色资源优势，深入进行党史、军史和优良传统教育，把红色基因一代代传下去”的指示，和中共中央办公厅“积极支持老区精神挖掘整理工作，扶持创作一批反映老区优良传统，展现老区精神风貌的优秀文艺作品和文化作品”的要求，中国老区建设促进会组织全国1599个革命老区县（市、区、旗）编纂《全国革命老区县发展史》丛书。韶关市武江区是其中之一。

《韶关市武江区革命老区发展史》的编纂工作，坚持以习近平新时代中国特色社会主义思想为指导，坚持以党史、军史、中国革命史为依据，坚持以革命老区和老区人民的奋斗史为重点，坚持以党的十八大以来革命老区取得的巨大成就和发展变化为亮点。《韶关市武江区革命老区发展史》集中体现本区域老区人民革命斗争史，突出革命老区精神和光荣传统的弘扬和宣传，内容力求通俗易懂，做到历史的真实性、事件的准确性、内容的可读性相统一。为老区脱贫攻坚，全面建成小康社会提供强大的精神动力，营造良好舆论氛围。

《韶关市武江区革命老区发展史》的编纂工作，得到了中共武江区委和区政府的高度重视。国家、省、市老区建设促进会关于编纂革命老区发展史工作任务下达后，区委书记迅即做出批示，安排区委常委、组织部部长具体负责，责成区委办公室、区委组织部和区史志办等部门积极配合，做好相关编纂工作。区政府根据编纂工作的需要，及时在人员和经费上给予充分的保障。

区老区建设促进会认真做好编纂《韶关市武江区革命老区发展史》的组织工作。尤其是会长钟东明和秘书长肖德鸿，都是70多岁高龄的老领导，在整个编纂工作过程中全程参加，体现了老党员的高风亮节。

2017年10月上旬，《韶关市武江区革命老区发展史》编辑部成立，组成三个编写小组。10月中旬基本确定写作大纲。2018年3月份完成调研和资料收集工作。6月份完成第一稿。12月上旬召开编委会议，对书稿进行会审，并组成审稿小组对书稿进行修改。12月18日审稿小组完成修改工作，形成《韶关市武江区革命老区发展史》（报批稿）。

《韶关市武江区革命老区发展史》设三章。第一章是中华人民共和国成立前，武江区域内所发生的革命故事。第二章是中华人民共和国成立后至市辖武江区建立前，党领导武江人民进行社会主义革命和建设的历程。第三章是《韶关市武江区革命老区发展史》的重点，是全面反映武江区建立后，中共韶关市武江区委领导武江人民进行改革开放，建设中国特色社会主义事业，促进全区经济社会发展的篇章。

《韶关市武江区革命老区发展史》的编纂工作过程中，引用了大量的历史资料，由于引用量大，在文中不便一一标注，在此特别说明。引用的著作主要为：《中共北江地方史》《中共韶关市历史（第二卷）》《中共曲江县历史（第一卷）》《中共曲江县历史（第二卷）》《韶关市武江区志》，以及至2017年的各年度《韶关市武江年鉴》。在此，还要感谢武江区档案局、武江区史志办对整个编纂工作的大力支持。

最后，由于编纂人员的能力和水平所限，不可避免会存在一些疏漏，敬请广大读者指正并谅解。

韶关市武江区革命老区发展史编委会

2018年12月